Kompass Recht

herausgegeben von Dieter Krimphove

Völkerrecht und IPR

von

Prof. Dr. jur. Dieter Krimphove
Universität Paderborn

und

Ass. Prof. Dr. Gabriel M. Lentner
Donau-Universität Krems

Verlag W. Kohlhammer

Inhalt des Download-Materials:
- Gesetze und sonstige Normen
- Gerichtsentscheidungen
- Fälle
- Weiterführende Informationen und Übersichten

Download des o. g. Materials unter https://dl.kohlhammer.de/
978-3-17-040874-6

Die in dem Werk verwendeten Symbole bedeuten:

 = Klausurtipps für Studenten

 = Tipps für Praktiker

 = Weiterführender bzw. ergänzender Text als Download-Datei

Alle Rechte vorbehalten
© 2022 W. Kohlhammer GmbH Stuttgart
Gesamtherstellung: W. Kohlhammer GmbH, Stuttgart

Print:
ISBN: 978-3-17-040874-6

E-Book-Format:
pdf: ISBN 978-3-17-040875-3

Dieses Werk einschließlich aller seiner Teile ist urheberrechtlich geschützt. Jede Verwendung außerhalb der engen Grenzen des Urheberrechts ist ohne Zustimmung des Verlags unzulässig und strafbar. Das gilt insbesondere für Vervielfältigungen, Übersetzungen, Mikroverfilmungen und für die Einspeicherung und Verarbeitung in elektronischen Systemen.

Für den Inhalt abgedruckter oder verlinkter Websites ist ausschließlich der jeweilige Betreiber verantwortlich. Die W. Kohlhammer GmbH hat keinen Einfluss auf die verknüpften Seiten und übernimmt hierfür keinerlei Haftung.

Vorwort

Das Völkerrecht zählt zu den klassischen Studienfächern der JurstInnenausbildung, hat darüber hinaus aber in aktuellen wirtschaftlichen oder politischen Fragen auch eine besondere Bedeutung: Rechtsfragen wie der Austritt Großbritanniens aus der Europäischen Union oder die Sanktionsandrohungen gegen Belarus, die Frage nach der Verantwortung und Haftung Chinas für das Entstehen der Corona-Pandemie aber auch Fragen der Klimaerwärmung sind ohne das Völkerrecht nicht zu verstehen. Diese und andere aktuell diskutierte Fragen dokumentieren den großen Stellenwert des Völkerrechts nicht nur in der juristischen Ausbildung, sondern auch in anderen Studienrichtungen (Politologie, Wirtschaftswissenschaften, Sozialwissenschaften u. a.).

Für diese breitere Leserschaft erscheint neben den üblichen Regelungsgebieten des Völkerrechts das Internationale Wirtschaftsrecht von besonderer Tragweite. Hier sind es Fragen z. B.:
- des Schutzes von privaten Investitionen im Ausland, etwa vor sich verschärfenden inländischen Umweltauflagen, oder
- der völkerrechtlichen Problematik der „Beschlagnahme" eines japanischen Schiffes „Ever Given" durch die ägyptischen Behörden, da die unter panamaeischer Flagge fahrende „Ever Given" für Tage die Durchfahrt durch den Suez-Kanal blockiert und so für einen Schaden Ägyptens i. H. v. 500 Mio. $ verursacht hat, oder
- der Streitentscheidung in grenzüberschreitenden Rechtskonflikten, oder
- der Haftung wegen Verursachung von grenzüberschreitenden Umweltschäden, oder
- der Vergabe von „Zwangslizenzen" an sog. Entwicklungsländer, die sonst, aus Kostengründen, dringend notwendige Medikamente kaum erwerben könnten,

die sich nicht nur theoretisch, sondern gerade in der aktuellen Praxis stellen.

Gerade diese aufgeworfenen Fragestellungen möchte der Band „Völkerrecht und IPR" aufgreifen und klären. Auf kurzem Raum bietet er so, mit seinem Text aber auch seinen elektronisch zur Verfügung gestellten Rechtsnormen, gerichtlichen Entscheidungen, Prüfungsfragen und Klausurlösungen, ein verlässliches Kompendium zur ersten Erschließung des Völkerrechts mit Schwerpunkten im Internationalen Wirtschaftsrecht und dem Internationalen Privatrecht (IPR).

Gabriel M. Lentner dankt Frau Dayana Zasheva und Frau Weronika Cenin für die Unterstützung bei der Recherche zu einigen Passagen in diesem Band.

Wien/Münster, im Frühjahr 2022

Prof. Dr. Dieter Krimphove   Ass. Prof. Dr. Gabriel M. Lentner

Inhaltsverzeichnis

	Seite
Vorwort	V
Abkürzungsverzeichnis	XI
Literaturverzeichnis	XIII
URL-Verzeichnis	XIV

1. Kapitel **Definition und Strukturprinzipien des Völkerrechts**	1
I. Begriff des Völkerrechts	1
II. Grundsätze und Strukturmerkmale des Völkerrechts	3
1. Grundsätze	3
2. Strukturmerkmale	3
3. Konsensprinzip	4
4. Verhältnis Völkerrecht und innerstaatliches Recht	4

2. Kapitel **Völkerrechtsquellen**	6
I. Allgemeines	6
II. Völkervertragsrecht	8
1. Anwendungsbereich	8
2. Abschluss und Inkrafttreten von Verträgen	8
3. Vertragsverfahren	9
4. Vorbehalte	10
5. Durchführung von Verträgen	11
6. Auslegung von Rechtsnormen und Verträgen	11
7. Ungültigkeit und Beendigung von Verträgen	13
III. Völkergewohnheitsrecht	13
1. Staatenpraxis	13
2. Widerspruch	14
IV. Allgemeine Rechtsgrundsätze	15

3. Kapitel **Völkerrechtssubjekte**	17
I. Der Staat	17
II. Die Internationale Organisation	19
1. Die Organisation der Vereinten Nationen (UNO)	20
2. Sonderfall Europäische Union	25
III. Sonstige Völkerrechtssubjekte	29

IV.	Staatenimmunität und Immunität von internationalen Organisationen	29

4. Kapitel Individuen im Völkerrecht ... 32
I. Das Individuum als völkerrechtliches Rechtssubjekt ... 32
II. Die Menschenrechte ... 32

5. Kapitel Internationales Handelsrecht ... 35
I. Allgemeines ... 35
    1. Ziel des internationalen Handelsrechts ... 35
    2. GATT 1994 ... 36
II. Streitbeilegungssystem WTO ... 44
    1. Überblick ... 44
    2. Zuständigkeit ... 45
III. Schutz des geistigen Eigentums ... 47
    1. Allgemeines ... 47
    2. TRIPS ... 47

6. Kapitel Völkerrechtliche Aspekte des Internationalen Bank- und Kapitalmarktrechts ... 52
I. Die völkerrechtliche Wirkung des Internationalen Bank- und Kapitalmarktkollisionsrechts ... 52
II. Internationale Finanzdienstleister ... 55
III. Die Weltbank ... 55
IV. Der Internationale Währungsfonds (IWF) ... 56
V. Europäische Finanzdienstleister ... 57

7. Kapitel Völkerrechtliche Aspekte des Internationalen Wettbewerbsrechts ... 61
I. Das völkerrechtliche Problem ... 61
II. Die Rechtsentwicklung ... 62

8. Kapitel Das internationale Investitionsschutzrecht ... 65
I. Allgemeines ... 65
    1. Schutzbereich ... 66
    2. Materiellrechtliche Schutzstandards ... 67
    3. Investor-Staat Streitbeilegung (ISDS) ... 71
    4. Sonderfall Investor-Staat Streitbeilegung (ISDS) innerhalb der EU ... 73

9. Kapitel Internationales Umweltrecht ... 76
I. Entstehung und Entwicklung des internationalen Umweltrechts ... 76

II.	Grundsätze des internationalen Umweltrechts.	77
	1. Schadensverhütung (die Pflicht zur Vermeidung grenzüberschreitender Verschmutzung)	78
	2. Das „Verursacherprinzip"	79
	3. Der Grundsatz der gemeinsamen, aber differenzierten Verantwortlichkeiten	79
	4. Der Grundsatz der Öffentlichkeitsbeteiligung.	79
	5. Das Prinzip der Generationengerechtigkeit.	80
III.	Milieudefensie et al. gegen Royal Dutch Shell	81

10. Kapitel Staatenverantwortlichkeit und Sanktionen 88
I. Staatenverantwortlichkeit 88
II. Sanktionen des Völkerrechts. 89

11. Kapitel IPR 92
I.	Das Internationale Privatrecht (IPR)	92
II.	Internationales Privatrecht und Völkerrecht	93
	1. Welches IPR?	95
	2. Verweisungstechniken.	96
III.	Auffinden einer passenden Kollisionsnorm: Die Qualifikation.	97
	1. Der Lebenssachverhalt enthält ein dem Recht des angerufenen Gerichts (lex fori) unbekanntes Rechtsinstitut	98
	2. Das „ausländische" Recht enthält eine abweichende Qualifikation.	99
	3. Abweichungen zwischen dem nationalen IPR und dem nationalen Sachrecht	99
IV.	Anknüpfung.	100
	1. Fraus legis.	100
	2. Mehrere Anknüpfungspunkte.	101
V.	Das Chaos: Anknüpfung der Erstfrage/Teilfrage/Hauptfrage/ Vorfrage	102
	1. Das Problem.	103
	2. Erstfrage oder die sog. kollisionsrechtliche Vorfrage	104
	3. Die Teilfrage	107
	4. Die Vorfrage	107
	5. Fazit.	113
VI.	Wahl des anzuwendenden Rechts	114
VII.	Anwendungsverbote ausländischen Rechts	116
	1. Ordre Public.	116
	2. Rechtsfolgen des ordre public.	117

3. Keine Anwendung des ausländischen Rechts bei deren
Kollision mit zwingenden Eingriffsnormen 117
VIII. Die Anwendung nationalen Rechtes bei Kollision mehrerer
Rechtsordnungen/Die Anwendung des Internationalen
Privatrechts 118

12. Kapitel **Internationales Prozessrecht**. 123
I. Grundlagen internationaler Gerichtszuständigkeit 123
II. Rechtsrahmen... 124
III. Zuständigkeitskonflikte 126
IV. Die Internationale Handelsschiedsgerichtsbarkeit 128
   1. Anwendbares Recht 129
   2. Institutionelle vs ad hoc Schiedsgerichtsbarkeit. 130
   3. Schiedsklausel... 131
   4. Aufhebung von Schiedssprüchen 131
   5. Internationale Vollstreckbarkeit. 131

Stichwortverzeichnis... 133

Abkürzungsverzeichnis

AB	Appellate Body (WTO)
AEUV	Vertrag über die Arbeitsweise der EU
Art.	Artikel
BGBl.	Bundesgesetzblatt
BGH	Bundesgerichtshof
BIT	Bilateral Investment Treaty
bspw.	beispielsweise
CETA	EU-Canada Comprehensive Economic Trade Agreement
DSB	Dispute Settlement Body (WTO)
DSU	Dispute Settlement Understanding (WTO)
E(W)G	Europäische Wirtschaftsgemeinschaft
EBWE	Europäische Bank für Wiederaufbau und Entwicklung
ECT	Energiechartavertrag
EGKS	Europäische Gemeinschaft für Kohle und Stahl
EGMR	Europäischer Gerichtshof für Menschenrechte
EIB	Europäische Investitionsbank
EMRK	Europäische Menschenrechtskonvention
etc.	et cetera
EU	Europäische Union
EuGH	Europäischer Gerichtshof
EuGVVO	VO über die gerichtliche Zuständigkeit und die Anerkennung und Vollstreckung von Entscheidungen in Zivil- und Handelssachen (EU)
EURATOM	Europäische Atomgemeinschaft
EUV	Vertrag über Europäische Union
GASP	Gemeinsame Außen- und Sicherheitspolitik
GATS	General Agreement on Trade in Services
GATT	General Agreement on Tariffs and Trade
GG	Grundgesetz
GV	UN Generalversammlung
i.d.R.	in der Regel
ICCPR	International Covenant on Civil and Political Rights
ICSID	International Centre for Settlement of Investment Disputes
IDA	International Development Association

IFC	International Finance Corporation
IGH	Internationaler Gerichtshof
IGO	Intergovernmental Organisation
ILC	International Law Commission
IMF	International Monetary Fund
IO	Internationale Organisation(en)
IPR	Internationales Privatrecht
ISDS	Investor-Staat-Streitbeilegung
i.S.v.	im Sinne von
IWF	Internationaler Währungsfonds
leg. cit.	legis citatae
MIGA	Multilateral Investment Guarantee Agency
MR	Menschenrechte
NAFTA	North Atlantic Treaty Organization
NGO	Non-Governmental Organisation
OECD	Organisation for Economic Cooperation and Development
OGH	Oberster Gerichtshof (Österreich)
OSZE	Organisation für Sicherheit und Zusammenarbeit in Europa
SR	UN Sicherheitsrat
SVN	Satzung der Vereinten Nationen
TRIPS	Agreement on Trade-Related Intellectual Property Rights
TTIP	Transatlantic Trade and Investment Partnership
u.a.	unter anderem
UN(O)	United Nations (Organisation), Vereinte Nationen
UNCITRAL	United Nations Commission on International Trade Law
VAE	Vereinigte Arabische Emirate
WHO	Weltgesundheitsorganisation
WIPO	World Intellectual Property Organization
WKK	Wiener Konsularrechtskonvention
WTO	World Trade Organisation
WVK I	Wiener Vertragsrechtkonvention über das Recht der Verträge 1969
WVK II	Wiener Vertragsrechtskonvention über das Recht der Verträge zwischen Staaten und internationalen Organisationen oder zwischen internationalen Organisationen 1986
z.B.	zum Beispiel
ZBIJ	Zusammenarbeit in den Bereichen Justiz und Inneres

Literaturverzeichnis

Anghie, Imperialism, Sovereignty and the Making of International Law, 2005
Bamford, Principles of International Financial Law, 3. Aufl., 2020
Beham/*Fink*/*Janik*, Völkerrecht verstehen, 2. Aufl., 2019
Boysen, Die postkoloniale Konstellation, 2021
Fischer/*Köck*, Völkerrecht: Das Recht der universellen Staatengemeinschaft, 6. Aufl., 2007
Herdegen, Völkerrecht, 20. Aufl., 2021
Herdegen, Internationales Wirtschaftsrecht, 12. Aufl., 2020
Kegel/*Schurig*, Internationales Privatrecht, 9. Aufl., 2004
Krajewski, Völkerrecht, 2. Aufl., 2020
Krimphove, Europarecht, 3. Aufl., 2020
Rajagopal, International Law from Below, 2003
Reinisch (Hrsg), Österreichisches Handbuch des Völkerrechts, 6. Aufl., 2021
Soergel, Bürgerliches Gesetzbuch mit Einführungsgesetz und Nebengesetzen (BGB), Band 27/1, 13. Aufl., 2019
Spickhoff, in: Hau/Poseck, BeckOK BGB, 60. Ed., Stand: 1.8.2021
Staudinger/*von Hoffmann*, (Bearb.), Kommentar zum BGB, Art. 40 EGBGB, 2001
von *Hoffmann*/*Thorn*, Internationales Privatrecht einschließlich der Grundzüge des Internationalen Zivilverfahrensrechts, 9. Aufl., 2007

URL-Verzeichnis

Nützliche Links Völkerrecht allgemein:
- Dokumente der VN: http://www.un.org/en/documents/
- Deutscher Übersetzungsdienst der UNO: https://www.un.org/Depts/german/de/index.html
- Dokumente der ILC: https://legal.un.org/ilc/
- The Avalon Project (völkerrechtliche Dokumente ab Westfälischen Frieden): https://avalon.law.yale.edu/
- Status internationaler Verträge: https://treaties.un.org/
- EGMR: www.echr.coe.int
- Inter-American Court of Human Rights: www.corteidh.or.cr
- UN High Commissioner for Human Rights: www.ohchr.org
- University of Minnesota Human Rights Library: http://hrlibrary.umn.edu/

Nützliche Links Welthandelsrecht:
- Umfassende Datenbanken und Erläuterungen des WTO-Rechts: www.wto.org

Nützliche Links Investitionsschutzrecht:
- Umfassende Datenbank mit Statistiken zu Abkommen, Streitbeilegung und Staaten: https://investmentpolicy.unctad.org/
- Umfassende Datenbank von Investitionsschutzverfahren mit Schiedssprüchen, Schriftsätzen, etc. www.italaw.com

Nützliche Links Kriegsvölkerrecht/Humanitäres Völkerrecht:
- Zur Klassifikation von allen Konflikten weltweit: http://www.rulac.org/
- Infos mit Fallstudien und Materialien: https://casebook.icrc.org/
- IKRK Website mit weiterführenden Links und Materialien: https://www.icrc.org/en/war-and-law
- IHL in Action, Plattform um Fälle der Einhaltung zu dokumentieren: https://ihl-in-action.icrc.org/

1. Kapitel Definition und Strukturprinzipien des Völkerrechts

I. Begriff des Völkerrechts

Das **Völkerrecht** (ius gentium, public international law) bezeichnet alle rechtlichen Normen, die das Verhalten von Staaten und anderen Völkerrechtssubjekten regeln und nicht dem internen Recht (also z. B. dem deutschen Recht) dieser **Völkerrechtssubjekte** entspringen. Neben Staaten sind auch Internationale Organisationen wie die UNO oder auch die EU, aber auch jede Einzelperson aufgrund völkerrechtlicher Menschenrechtsabkommen oder Investitionsschutzabkommen Völkerrechtssubjekte.

Nach dieser Definition unterscheidet sich das Völkerrecht daher beispielsweise vom **Internationalen Privatrecht** (IPR), das grundsätzlich Kollisionsnormen enthält, die internationale Sachverhalte regeln, aber eben dem nationalen Recht entspringen. Eine trennscharfe Abgrenzung ist naturgemäß schwierig, da auch IPR durch völkerrechtliche Verträge zwischen Staaten geregelt sein kann. So kann eine sich aus einem solchen Vertrag ergebende Regelung in staatliches Recht gegossen sein, um die Verpflichtungen daraus auch effektiv umzusetzen.

> Beispiele zur Abgrenzung Völkerrecht-Nationales Recht:
> - Das **Gewaltverbot** in den internationalen Beziehungen (Völkerrecht)
> - Ein deutscher Urlauber verursacht mit seinem italienischen Mietwagen in Frankreich einen Unfall, bei dem das Auto einer Spanierin beschädigt wird (IPR).
> - Schadenersatzforderungen gegen Nachbarstaat wegen grenzüberschreitender Umweltschäden (Völkerrecht), siehe z. B. **Trail Smelter-Fall**.
>
> → Trail Smelter-Fall

Völkerrecht ist aber auch nicht reines „zwischenstaatliches" Recht, weil Staaten zwar die typischen, aber wie erwähnt nicht die einzigen Völkerrechtssubjekte darstellen. Zudem führt die immer stärkere internationale Interdependenz durch **regionale Integration** (EU) und Globalisierung dazu, dass immer mehr Lebensbereiche, die früher nur vom innerstaatlichen Recht geregelt waren nunmehr auch vom regionalen und universellen Völkerrecht erfasst werden. So erfasst das **Welthandelsrecht** der WTO Sachverhalte wie Hinweise auf Thunfischdosen, dass diese „delphinsicher" gefangen wurden (♟ → Dolphin-Tuna Fall). Völkerrecht ist daher viel mehr als nur der Rechtsrahmen für die „großen" weltpolitischen Fragen von Krieg und Frieden zwischen Staaten, sondern hat ganz wesentliche Auswirkungen im Alltag und besonders für den internationalen Wirtschaftsverkehr.

5 Einen Sonderstatus besitzt das **Recht der EU**. Denn hier, wo das Recht einer internationalen Organisation direkt auf die Menschen in den Mitgliedstaaten durchgreift und entgegenstehendes staatliches Recht weichen muss, liegt eine besondere Integrationsdichte vor, die es im Völkerrecht sonst in dieser Form nicht gibt. Das Recht dieser sog. **supranationalen Organisationen** ist formell (jedenfalls in seiner Grundlage) Völkerrecht, materiell aber dem staatlichen Recht vergleichbar. Der (unmittelbare) **Vorrang des Europarechts** gegenüber entgegenstehendem innerstaatlichem Recht ist hierfür ein eindrückliches Beispiel.

♟ → Fall Van Gend & Loos

6 Begrifflich differenziert man auch zwischen „**universellem**" **Völkerrecht**, also den Normen, die grundsätzlich für die internationale Staatengemeinschaft als Ganze gelten, und „**partikulärem**" Völkerrecht, das nur für eine bestimmte, meist regional abgegrenzte Gruppe (auch „regionales" Völkerrecht genannt) gilt. Zum Beispiel ist das **Folterverbot** universelles Völkerrecht, aber auch die **Europäische Menschenrechtskonvention** (EMRK) ist ein völkerrechtlicher Vertrag, der jedoch für die USA bspw. nicht gilt, sondern eben nur für dessen Mitgliedstaaten Rechtswirkung entfaltet, und somit auf die Region Europa beschränkt ist. Mit anderen Worten bedeutet das, dass „Völkerrecht" nicht grundsätzlich alle Staaten und andere Völkerrechtssubjekte immer gleichermaßen berechtigt und verpflichtet.

7 Außer Acht sollte auch nicht (man denke an die rezente wissenschaftliche und gesellschaftliche Aufarbeitung der deutschen Kolonialgeschichte) die **(post-)koloniale Natur des Völkerrechts** gelassen werden. So wird jüngst die historische Entwicklung des modernen Völkerrechts kritisch betrachtet und seine kolonialen und eurozentrischen Wurzeln aufgearbeitet (*Boysen*, Die postkoloniale Konstellation, 2021; *Rajagopal*, International Law from Below, 2003; *Anghie*, Imperialism, Sovereignty and the Making of International Law, 2005).

II. Grundsätze und Strukturmerkmale des Völkerrechts

1. Grundsätze. Wie jede Rechtsordnung basiert auch das Völkerrecht auf bestimmten allgemeinen **Grundsätzen**. Die Grundsätze der Vereinten Nationen, wie sie in der **UNO-Charta** enthalten sind, überschneiden sich mit diesen allgemeinen Grundsätzen. Zu nennen sind hier insbesondere die Deklaration der Grundsätze des Völkerrechts über die freundschaftlichen Beziehungen und die Zusammenarbeit zwischen Staaten in Übereinstimmung mit der Satzung der Vereinten Nationen, die sog. UN-Prinzipiendeklaration 1970, GV-Res. 2625(XXV), 👑 → Friendly Relations Declaration. Dazu zählen: 8

- **das Gewaltverbot,**
- der Grundsatz der friedlichen Streitbeilegung,
- das Interventionsverbot,
- Gleichberechtigung und Selbstbestimmung der Völker,
- die souveräne Gleichheit der Staaten und
- der Grundsatz von Treu und Glauben.

Diese Grundsätze entstehen naturgemäß nicht im politikfreien Raum. Vielmehr sind für das Verständnis des Völkerrechts auch Grundkenntnisse der Politikwissenschaften, insb. der Lehre der Internationalen Beziehungen, von Vorteil. Entwicklungen des Völkerrechts lassen sich daher auch aufgrund verschiedener staatspolitischer Doktrinen (z. B. Prinzip der Nichteinmischung basierend auf der **Monroe-Doktrin 1823**) nachvollziehen. 9

👑 → Doktrinen

2. Strukturmerkmale. Weil sich die Völkerrechtssubjekte (meist Staaten) meist gleichrangig gegenüberstehen, spricht man auch vom Völkerrecht als **Koordinationsrecht**. Das bedeutet, dass die Rechtssubjekte Recht gemeinsam und (zumindest abstrakt) „auf Augenhöhe" erlassen, es selbst vollziehen und üben im Streitfall Selbstbeurteilung und Selbstdurchsetzung. Damit unterscheidet sich das Völkerrecht vom heutigen innerstaatlichen Recht, das als **Subordinationsrecht** bezeichnet wird, weil dort die Rechtssubjekte einem Gesetzgeber, einer Verwaltung und einer obligatorischen Rechtsprechung unterworfen sind. Mit dieser wesentlichen Unterscheidung lassen sich bestimmte Phänomene, wie z. B. die mangelnde Durchsetzung von Völkerrecht in einzelnen Bereichen wie dem Menschenrechtsschutz, besser erklären. 10

11 **3. Konsensprinzip.** Das Konsensprinzip im Völkerrecht besagt, dass Staaten grundsätzlich nur an Recht gebunden sind, dem sie zugestimmt haben. Dies ergibt sich aus dem Prinzip der gleichen **Souveränität der Staaten**. Zustimmung ist hier aber naturgemäß eher abstrakt zu verstehen und zielt auf die Ableitung einer Verpflichtung aus einer Art Einverständnis ab. So kann sich natürlich keine neue Regierung eines Staates auf das Konsensprinzip berufen, um Verpflichtungen, die die Vorgängerregierung eingegangen ist, einseitig zu widerrufen.

12 Ein Paradoxon bleibt aber dennoch: die Verbindlichkeit des durch Staaten erzeugte aber gleichzeitig ihnen übergeordnete Völkerrecht. Dieses Paradoxon lässt sich wohl nur mittels Rekurses auf das Prinzip pacta sunt servanda (Abmachungen sind einzuhalten) auflösen.

13 **4. Verhältnis Völkerrecht und innerstaatliches Recht.** Was das Verhältnis des Völkerrechts zum staatlichen Recht angeht, so haben sich historisch zwei gegensätzliche Theorien gebildet. Zum einen der von **Heinrich Triepel** (Völkerrecht und Landesrecht, 1899) begründete **Dualismus**. Dieser geht – wie der Namen schon suggeriert – von einer völligen Trennung von Völkerrecht auf der einen Seite und innerstaatlichem Recht auf der anderen Seite aus. Dies wird damit begründet, dass beide miteinander keine Berührungspunkte hinsichtlich der Art der Erzeugung, hinsichtlich der Rechtsadressaten und hinsichtlich des Regelungsgegenstandes hätten. Das Problem ist dabei, dass, dies ja voraussetzt, es keinerlei Überschneidungen geben kann, womit sich das Verhältnis erübrigen würde. Nach der Lehre vom **Monismus** bilden Völkerrecht und nationales Recht dagegen eine einheitliche Rechtsordnung, wobei es hier unterschiedliche Ansichten bzgl. des Vorrangs eines der beiden Rechtskreise gibt (Primat des Völkerrechts, so Hans Kelsen, oder Primat des nationalen Rechts, so Hegel). In der Praxis kommt es wohl letztlich auf die innerstaatliche Geltung und Anwendbarkeit des Völkerrechts der betreffenden Staaten an.

II. Grundsätze und Strukturmerkmale des Völkerrechts

Verhältnis Völkerrecht und nationales Recht
Art. 27 Wiener Vertragsrechtskonvention (WVK) normiert:
„Eine Vertragspartei kann sich nicht auf ihr innerstaatliches Recht berufen, um die Nichterfüllung eines Vertrags zu rechtfertigen."
Aber: Völkerrecht bricht grundsätzlich nicht Landesrecht (nach Verfassungsrecht des betreffenden Staates zu beurteilen).
Dennoch: „Die Beurteilung der Handlung eines Staates als völkerrechtswidrig bestimmt sich nach dem Völkerrecht. Diese Beurteilung bleibt davon unberührt, dass die gleiche Handlung nach innerstaatlichem Recht als rechtmäßig beurteilt wird."
(Art. 3 ILC – Artikel über die Staatenverantwortlichkeit)
„Der verantwortliche Staat kann sich nicht auf sein innerstaatliches Recht berufen, um die Nichterfüllung der ihm nach diesem Teil obliegenden Verpflichtungen zu rechtfertigen." (Art. 32 leg. cit.).

Regelungsverhältnis Völkerrecht [Europarecht] nationales Recht		
Monismus (Einheit von Völkerrecht und nationalem Recht)	**Vorrang des Völkerrechts vor dem nationalen Recht**	
	• **strict monism:** Völkerrecht geht dem nationalen Recht vor. Ein gegen das Völkerrecht verstoßender nationaler Akt ist automatisch nichtig.	
	• **tempered monism:** Völkerrecht geht vor. Völkerrechtswidriger nationaler Rechtsakt ist grundsätzlich gültig, kann aber durch Gerichtsentscheidung (völkerrechtliche Gerichte/Nationalgerichte) beseitigt werden.	
	Vorrang des nationalen Rechts vor dem Völkerrecht	
Dualismus/Zwei-Rechtskreistheorie (Völkerrecht und nationales Recht bilden zwei eigenständige Rechtskreise)	• **strict dualism:** Die zwei eigenständigen Rechtskreise berühren sich nicht, daher kein Konflikt möglich.	
	• **tempered dualism** Die beiden getrennten Rechtskreise können im Einzelfall tatsächliche Effekte aufeinander ausüben und sich daher de facto beeinflussen. Zur Regelung dieses Konflikts:	Schaffung von Kollisionsnormen (beiderseits verbindliche Regelung, welches Recht gelten soll.)
		Nationaler Rechtsakt ist (innerstaatlich) gültig. Bei Verletzung des Völkerrechts haftet Staat nach außen.

Abb. 1: Regelungsverhältnis Völkerrecht

2. Kapitel Völkerrechtsquellen

I. Allgemeines

14 Grundsätzlich kann zwischen **Rechtserzeugungs-** und **Rechtserkenntnisquellen** unterschieden werden. Rechtserzeugungsquellen bezeichnen jene Verfahren, durch die Völkerrecht geschaffen wird; Rechtserkenntnisquellen sind dagegen jene Hilfsmittel für die Ermittlung von Völkerrechtsregeln (z. B. Gerichtsentscheidungen, Lehrbücher etc.).

15 Ausgangspunkt für die Bestimmung der **Rechtserzeugungsquellen** ist das Statut des Internationalen Gerichtshofs (IGH-Statut). Dieses legt in Art. 38 Z 1 die Entscheidungsgrundlagen vor, nach denen das Gericht (Völker-)Recht sprechen soll. Diese sind:
- das Völkervertragsrecht,
- das Völkergewohnheitsrecht und
- die allgemeinen Rechtsgrundsätze.

16 Nicht genannt aber gleichwohl anerkannt als Rechtsquellen sind zudem:
- einseitige Rechtsgeschäfte,
- Entscheidungen internationaler Organisationen und
- Entscheidungen internationaler Gerichte.

17 **Einseitige Rechtsgeschäfte** (z. B. Frankreich erklärt Ende von Nuklearwaffentests: 👆 → Nuclear Tests_Case Australia v. France) sowie **Entscheidungen internationaler Organisationen** könnte man als „versteckte Rechtsquellen" bezeichnen. Beispielsweise ist eine Entscheidung des UN-Sicherheitsrates rechtlich verbindlich und damit natürlich auch eine Völkerrechtsquelle. Bei diesen handelt es sich jedoch nach einem Teil der Lehre entweder um Rechtsgeschäfte, die auf demselben Prinzip aufbauen wie Verträge (nämlich darauf, dass das gegebene Wort zu halten ist gemäß dem Grundsatz „**pacta sunt servanda**"), oder um Normerzeugungsverfahren, die von den primären (und im Art. 38 Z 1 IGH-Statut genannten) Rechtsquellen (speziell dem Vertrag) abgeleitet sind (auch Entscheidungen des UN-Sicherheitsrats finden ihre Grundlage ja im völkerrechtlichen Vertrag der UNO-Charter). Somit finden auch diese „versteckten" Völkerrechtsquellen ihre Grundlage im Art. 38.

Entscheidungen internationaler Gerichte (aber auch die Judikatur nationaler Gerichte) können in der Praxis mehr sein als lediglich ein Hilfsmittel zur Auffindung völkerrechtlicher Normen, da das Völkerrecht durch sie nicht nur angewendet, sondern auch konkretisiert und oftmals auch fortgebildet wird. **18**

Von den Völkerrechtsquellen zu unterscheiden ist das sog „**soft law**". Dieses „weiche" Recht bezieht sich hauptsächlich auf grundsätzlich unverbindliche Beschlüsse von internationalen Organisationen (z. B. Resolutionen der UNO-Generalversammlung) bzw. **Verhaltenskodizes** (z. B. ♛ → OECD-Leitsätze für multinationale Unternehmen). Obwohl es sich hierbei eben gerade nicht um rechtlich verbindliche Normen handelt, genießen sie durch ihr politisches Gewicht bzw. durch die empfehlende Institution gewisse Autorität und solches soft law wird in der Praxis tatsächlich oft befolgt. Damit kann soft law auch Ausgangspunkt für die Bildung von **Völkergewohnheitsrecht** darstellen oder zur Auslegung bestehende Rechtsnormen herangezogen werden. **19**

Grundsätzlich gilt die **Gleichrangigkeit der Völkerrechtsquellen**. Bei sich widersprechenden Normen gelten im Allgemeinen die Derogationsregeln nach der *lex specialis*- (die speziellere geht der allgemeineren Regel vor) bzw. der *lex posterior*-Regel (die spätere geht der früheren Regel vor). Eine wichtige Ausnahme von der Gleichrangigkeit bildet das sogenannte *ius cogens* (zwingendes Recht). Von solchen Regeln kann nicht abgewichen werden. So normiert Art. 53 der Wiener Vertragsrechtskonvention: „Im Sinne dieses Übereinkommens ist eine zwingende Norm des allgemeinen Völkerrechts eine Norm, die von der internationalen Staatengemeinschaft in ihrer Gesamtheit angenommen und anerkannt wird als eine Norm, von der nicht abgewichen werden darf und die nur durch eine spätere Norm des allgemeinen Völkerrechts derselben Rechtsnatur geändert werden kann." **20**

> **Beispiele für ius cogens Normen:** **21**
> - Verbot des Völkermords,
> - Verbot von Verbrechen gegen die Menschlichkeit,
> - Gewaltverbot,
> - Folterverbot.

Zu beachten ist auch der **Vorrang** von Verpflichtungen aus der Satzung der Vereinten Nationen (Art. 103 SVN) gegenüber anderen völkerrechtlichen Verpflichtungen. **22**

♛ → Questions of Interpretation and Application of the 1971 Montreal Convention

II. Völkervertragsrecht

23 Das Völkervertragsrecht ist in der **Wiener Vertragsrechtskonvention 1969** (📖 → WVK) geregelt. Dessen Bestimmungen sind aber auch für Nichtkonventionsstaaten größtenteils anwendbar, da es **Völkergewohnheitsrecht** weitgehend kodifiziert (📖 → Namibia IGH Fall [Gutachten Rn. 94]). Die WVK regelt ausschließlich Verträge zwischen Staaten (Art. 1 WVK). Verträge zwischen IOs und Staaten regelt die noch nicht in Kraft getretene WVK II (📖 → WVK II).

24 **1. Anwendungsbereich.** Die Bezeichnung der Vereinbarung zwischen Staaten als Vertrag ist unerheblich. Nach Art. 2 Z 1 lit. a WVK „bedeutet ‚Vertrag' eine in Schriftform geschlossene und vom Völkerrecht bestimmte internationale Übereinkunft zwischen Staaten, gleichviel ob sie in einer oder in mehreren zusammengehörigen Urkunden enthalten sind und welche besondere Bezeichnung sie hat". Das heißt, es besteht **ein völkerrechtlicher Vertrag** unabhängig von der Bezeichnung als Staatsvertrag, Pakt, Übereinkommen, Abkommen, Satzung, Statut, Deklaration, Punktation, Konkordat, Konvention, Übereinkunft, oder Notenwechsel etc. Zu beachten ist hier, dass es nach allgemeinem Völkerrecht keine Formvorschriften für völkerrechtliche Verträge gibt. Außerhalb der WVK genügt also, wenn der Vertragswille der Parteien erkennbar zum Ausdruck gebracht wird.

25 Gemäß Art. 5 findet das Vertragsrecht der WVK auch auf jeden Vertrag Anwendung, der die **Gründungsurkunde einer internationalen Organisation** bildet, sowie auf jeden im Rahmen einer internationalen Organisation angenommenen Vertrag, unbeschadet aller einschlägigen Vorschriften der Organisation.

26 **2. Abschluss und Inkrafttreten von Verträgen.** Grundsätzlich besitzt nach Art. 6 WVK jeder Staat die Fähigkeit, Verträge zu schließen. Unter welchen Voraussetzungen **Vollmachten** vorgelegt werden müssen, regelt Art. 7 WVK. Demnach ist eine gehörige Vollmacht vorzulegen (Art. 7 Abs. 1 lit. a) oder wenn aus der Übung der beteiligten Staaten oder aus anderen Umständen hervorgeht, dass sie die Absicht hatten, diese Person als Vertreter des Staates für die genannten Zwecke anzusehen und auch keine Vollmacht zu verlangen (Art. 7 Abs. 1 lit. b). Absatz 2 normiert, dass bestimmte Kategorien von Personen kraft ihres Amtes (sog. **Legalvollmacht**), ohne eine Vollmacht vorlegen zu müssen, als Vertreter ihres Staates angesehen werden:
a) Staatsoberhäupter, Regierungschefs und Außenminister zur Vornahme aller sich auf den Abschluss eines Vertrags beziehenden Handlungen;

b) Chefs diplomatischer Missionen zum Annehmen des Textes eines Vertrags zwischen Entsende- und Empfangsstaat;
c) die von Staaten bei einer internationalen Konferenz oder bei einer internationalen Organisation oder einem ihrer Organe beglaubigten Vertreter zum Annehmen des Textes eines Vertrags im Rahmen der Konferenz, der Organisation oder des Organs.

Eine sich auf den Abschluss eines Vertrags beziehende Handlung, die von einer Person vorgenommen wird, welche nicht nach Art. 7 als zur Vertretung eines Staates zu diesem Zweck ermächtigt angesehen werden kann, ist ohne Rechtswirkung, sofern sie nicht nachträglich von dem Staat bestätigt wird (Art. 8 WVK).

3. Vertragsverfahren. Wie bereits erwähnt, besitzt jeder Staat die Fähigkeit, Verträge abzuschließen (Art. 6 WVK). Dies gilt aber nur, soweit er sich nicht für bestimmte Fälle dieser Befugnis bereits entäußert hat. Dies ist in der Praxis bei EU-Mitgliedstaaten der Fall, die etwa die Kompetenz zum Abschluss von Handelsverträgen der EU übertragen haben (Art. 207 AEUV). Bei internationalen Organisationen wiederum bestimmt sich die Vertragsschlussbefugnis „nach den Vorschriften der Organisation" (Art. 2 Abs. 1 lit. j WVK II). Im Vergleich zum Staat besitzt daher eine internationale Organisation eine eingeschränkte Vertragsschlussfähigkeit, die implizit funktional begründet werden kann oder explizit vorgesehen ist, wie bspw. im Römischen Statut des Internationalen Strafgerichtshofes.

27

In der ersten Phase des **Abschlussverfahrens** wird der Vertragstext (üblicherweise im Rahmen von Regierungskonferenzen oder IOs) ausverhandelt. Anschließend wird der Vertragstext (üblicherweise) durch die sogenannte **Paraphierung** vorläufig festgelegt. Bei multilateralen Verträgen wird ein 2/3 Quorum für die Annahme des Textes (nicht des Vertrages!) benötigt. Danach wird durch die Unterzeichnung eine endgültige Annahme des Textes als amtlich bzw. authentisch bewirkt. Bei zweiphasigen Verfahren folgt darauf das zwischengeschaltete innerstaatliche Zustimmungsverfahren (dies richtet sich in Deutschland nach Art. 59 Abs. 2 GG) und schließt mit der **Ratifikation** ab. Sind die Bedingungen für das Inkrafttreten erfüllt (z. B. Mindestanzahl von Ratifikationen bei multilateralen Verträgen), tritt der Vertrag in Kraft. Gemäß Art. 25 WVK ist auch eine vorläufige Anwendung des Vertrages möglich. Weil gerade bei multilateralen Verträgen das objektive Inkrafttreten eines Abkommens (z. B. mit Erreichung der Mindestanzahl an Ratifikationen) mit dem subjektiven Inkrafttreten, also der Bindungswirkung durch einen Staat mit Ratifikation, zeitlich auseinanderfallen kann, ist diese Unterscheidung zwischen subjektivem Inkrafttreten und objektivem Inkrafttreten zu beachten.

28

29 Von einem **Beitritt** spricht man bei Eintritt in ein bestehendes Vertragsverhältnis (z. B. Beitritt zur EU), das grundsätzlich die Zustimmung aller bisheriger Vertragsparteien voraussetzt, es sein denn es handelt sich um einen offenen oder beschränkt offenen Vertrag (Art. 17 WVK).

30 **4. Vorbehalte.** Vorbehalte sind von einem Staat abgegebene einseitige Erklärungen, durch die der Staat bezweckt, die Rechtswirkung einzelner Vertragsbestimmungen in der Anwendung auf diesen Staat auszuschließen oder zu ändern (Art. 2 Abs. 1 lit. d WVK). Diese sind in den Art. 19 ff. WVK geregelt. Grundsätzlich kann jeder Staat bei Unterzeichnung, Ratifikation, Annahme oder Genehmigung eines völkerrechtlichen Vertrags oder beim Beitritt einen Vorbehalt anbringen, sofern nicht
- der Vertrag den Vorbehalt verbietet;
- der Vertrag vorsieht, dass nur bestimmte Vorbehalte gemacht werden dürfen, zu denen der betreffende Vorbehalt nicht gehört, oder
- der Vorbehalt mit Ziel und Zweck des Vertrages unvereinbar ist.

Die rechtliche Wirkung von solchen unzulässigen Vorbehalten ist umstritten, wie der Fall „**Sharia-Vorbehalt**" illustriert.

31 **Beispiel Zulässigkeit und Wirkung von Vorbehalten („Sharia-Vorbehalt"):**
Katar tritt der UN-Folterkonvention (Verbot der Folter und grausamer, unmenschlicher oder erniedrigender Behandlung) bei. Mit Zustimmung zum Vertrag gibt Katar aber folgende Erklärung ab: „vorbehaltlich jeder Auslegung der Bestimmungen des Übereinkommens, die mit den Regeln des Islamischen Rechts und der Islamischen Religion unvereinbar ist."
Dieser Vorbehalt ist gem. Art. 19–23 WVK zu beurteilen. Danach dürfen Vorbehalte nicht dem Ziel und Zweck des Vertrages widersprechen, sofern Vorbehalte nicht vertraglich ausgeschlossen bzw. nur bestimmte zugelassen sind. In diesem Fall ist der Vorbehalt sehr unbestimmt und damit wohl mit Ziel und Zweck des Vertrages, nämlich des Verbotes von Folter und grausamer, unmenschlicher oder erniedrigender Behandlung, unvereinbar. In dem konkreten Fall führte heftige internationale Kritik dazu, dass Katar diesen Vorbehalt zurückgezogen hat.
Rechtlich ist die Wirkung eines unzulässig vorgebrachten Vorbehalts nicht geklärt, wobei die Praxis des Europäischen Gerichtshofs für Menschenrechte (EGMR) und der UN-Menschenrechtsausschuss davon ausgeht, dass unzulässige Vorbehalte nichtig sind und der Vertrag in seiner Gesamtheit ohne Vorbehalt verbindlich ist (und nicht einfach die Regelung, die von dem Vorbehalt betroffen ist, gänzlich wegfällt).

5. Durchführung von Verträgen. Die Vertragsparteien sind gemäß dem Grundsatz **"pacta sunt servanda"** an die Verpflichtungen aus dem Vertrag gebunden und haben diese nach **Treu und Glauben** zu erfüllen (Art. 26 WVK). Eine logische Konsequenz davon ist, dass sich ein Staat auch nicht auf sein innerstaatliches Recht berufen kann, um die Nichterfüllung eines Vertrages zu rechtfertigen (Art. 9 WVK). **32**

Die **Interpretation von Verträgen** folgt den **Auslegungsregeln** der WVK. Diese sehen als Grundregel vor, dass ein Vertrag nach Treu und Glauben in Übereinstimmung mit der gewöhnlichen, seinen Bestimmungen in ihrem Zusammenhang zukommenden Bedeutung und im Lichte seines Zieles und Zweckes auszulegen ist (Art. 31 WVK). "In ihrem Zusammenhang" heißt, dass nicht nur der Vertragstext selbst bei Unklarheiten heranzuziehen ist, sondern auch allfällige Protokolle und Erklärungen, die dem Vertrag beigefügt sind. Meist weist aber schon die Präambel auf "Ziel und Zweck" hin. Vorbereitende Arbeiten sog. *travaux préparatoires* (etwa Konferenzdebatten, Textvorschläge- und Änderungen, Arbeitspapiere, etc.) sind ausgeschlossen, es sei denn, dass das Ergebnis der "bloßen" Textauslegung "mehrdeutig oder dunkel" bleibt oder zu einem unvernünftigen Ergebnis führt (Art. 32 WVK I). **33**

6. Auslegung von Rechtsnormen und Verträgen. Oft verwenden Rechtsnormen oder Vertragsbestimmungen *"unbestimmte"* Rechtsbegriffe (z. B.: *wichtiger Grund, unverzüglich, Treu und Glauben, gute Sitten*). Zum Teil ist die Rechtslage unvollständig; sei es, dass entsprechende Regelungen in den Gesetzen fehlen, sei es, dass ein Vertrags- oder Testamentstext keine Ausführungen zu einer bestimmten Problematik enthält. In beiden Fällen ist das Ergebnis durch Auslegung zu ermitteln. Im ersten Fall sprechen Juristen von der "interpretierenden Auslegung" im zweiten von der "ergänzenden Auslegung". **34**

Folgende **Methoden** können zur Auslegung herangezogen werden (vgl. Art. 31 Wiener Vertragsrechtskonvention): **35**
- **Auslegungsgrenze Wortlaut**: Die Grenze der Auslegung bietet der Wortlaut einer Norm. Ist dieser eindeutig, fehlt es an der Notwendigkeit der (interpretierenden) Auslegung (s.o.).
- **Teleologische Auslegung** (telos = das Ziel): Diese Auslegungsmethode fragt nach dem Ziel und/oder Zweck einer Norm. Diese ist so auszulegen, dass ihrem Zweck in vollem Umfang Genüge getan wird. Das Europäische Recht spricht in diesem Zusammenhang von dem "effet utile".
- **Systematische Auslegung**: Diese Form der Auslegung ermittelt den Norminhalt entsprechend der Stellung der Norm im Gesamtkomplex der Regelungen.

- **Historische Auslegung:** Bei der historischen Auslegung ist zwischen der objektiv historischen Auslegung und der subjektiv historischen Auslegung zu unterscheiden:
  - Die **subjektive historische Auslegung** fragt nach dem Willen des damaligen Gesetzgebers. Was hat der damalige Gesetzgeber mit dieser Regelung – zu der Zeit ihres Erlasses – bezweckt.
  - Die **objektive historische Auslegung** stellt auf einen (zeitlosen) objektiven Willen des Gesetzgebers *„so wie er sich aus dem Wortlaut der Gesetzesbestimmungen, dem Sinnzusammenhang sowie dem erkennbaren Zweck der Vorschrift ergibt"* (BVerfGE 1, S. 299).

36 Außer dem logischen Vorrang der Wortlautgrenze besteht weder eine Rangfolge der Auslegungsmethoden noch schließen sie sich untereinander aus.

37 Als rhetorische **Argumentationsfiguren** der Auslegung dienen insbesondere das:
- ARGUMENTUM A SIMILE = wenn dieser Sachverhalt so geregelt ist, dann der andere (ihm gleichende) genauso;
- ARGUMENTUM A MAIORE AD MINUS bzw. ARGUMENTUM A MINORE AD MAIUS = wenn dieser Sachverhalt schon so gelöst wird, dann erst recht der andere;
- ARGUMENTUM E CONTRARIO (Umkehrschluss) = wenn Sachverhalt A auf eine bestimmte Weise gelöst wird, dann nicht Sachverhalt B, denn dieser hat gerade mit A nichts gemein.

38 **Rechtsmissbräuchliche** Anwendungen von Verträgen sind auch ausgeschlossen.

39 Beispielfall Rechtsmissbrauch:
2011 reichte der Tabakkonzern Philip Morris gegen Australien eine Schiedsklage wegen eines neuen Gesetzes zu neutralen Zigarettenschachteln mit Gesundheitswarnungen. Völkerrechtliche Grundlage für diese Klage war ein zwischen Australien und Hong Kong abgeschlossener Investitionsschutzvertrag. Um unter den Schutz dieses Abkommens zu gelangen, gründete der Konzern eine Niederlassung in Hongkong und unterstellte ihr das Geschäft in Australien. Das Schiedsgericht sah darin aber einen Rechtsmissbrauch, da diese Umstrukturierung erst dann stattfand, als klar war, dass dieses Gesetz kommen würde und mit der bisherigen Geschäftsstruktur kein Investitionsschutzabkommen anwendbar gewesen wäre.

→ Philipp Morris v. Australia

7. Ungültigkeit und Beendigung von Verträgen. Nur unter eingeschränkten **40** Umständen können Verträge gemäß WVK und WVK II für ungültig erklärt werden bzw. beendet werden. **Ungültigkeitsgründe** sind staatsrechtswidriger Vertragsabschluss, Irrtum, Betrug, Bestechung und Zwang aber auch Verstoß gegen ius cogens. **Beendigungsgründe** sind Einvernehmen der Vertragsparteien über Beendigung, Beendigung durch einen späteren Vertrag über denselben Gegenstand, Kündigung oder Rücktritt vom Vertrag, wenn dies ausdrücklich vorgesehen oder sich aus der Natur des Vertrages ergibt. So hatten die Europäischen Verträge ursprünglich keine **Austrittsmöglichkeit** vorgesehen, weil dies nicht der Idee der stetig fortschreitenden europäischen Integration entsprach. Mit dem Vertrag von Lissabon wurde aber Art. 50 EUV eingeführt, nach dessen Aktivierung auch schließlich das Vereinigte Königreich (UK) aus der EU ausgetreten ist (**Brexit**). Ob auch ohne einen solchen Artikel ein Austritt möglich gewesen wäre, ist umstritten. Auch die UNO sieht in ihrer Satzung keinen Austritt vor.

Beendigungsgründe sind: Vertragsverletzung, Unmöglichkeit der Erfüllung, **41** grundlegende Änderung der Umstände (sog. **clausula rebus sic stantibus**), nach Abschluss entstandenes ius cogens. Neben der Beendigung eines Vertrages, die seine endgültige Auflösung darstellt, gibt es auch die mildere Form der **Suspendierung**, die lediglich die Aussetzung seiner Anwendung zur Folge hat und diplomatisch häufiger angewendet wird.

III. Völkergewohnheitsrecht

1. Staatenpraxis. Völkergewohnheitsrecht wird durch **Staatenpraxis** geschaffen. **42** Unter Staatenpraxis versteht man jedes von staatlichen Organen (also von der Gesetzgebung, Verwaltung oder Rechtsprechung) mit Bezug auf einen zwischenstaatlichen Sachverhalt gesetztes völkerrechtlich relevantes Verhalten. Dieses besteht aus zwei Elementen: eine entsprechende Übung (als objektives Element) und eine diese Übung begleitende Rechtsüberzeugung (als subjektives Element). Es müssen beide Elemente kumulativ vorliegen, das heißt, dass eine reine Übung von Staaten ohne Rechtsüberzeugung genauso wenig wie reine – z. B. im Rahmen einer Resolution der Generalversammlung der UNO geäußerte – Rechtsüberzeugung Völkergewohnheitsrecht erzeugen. Die notwendige Staatenpraxis muss aber nicht ganz konstant und einheitlich sein (so der IGH noch im 📕 → Asyl Fall), sondern sie muss „weit verbreitet und nahezu einheitlich sein". Dabei müssen nicht alle Staaten der internationalen Gemeinschaft an der Entstehung mitwirken, sondern es reicht, wenn die Staaten, die im Wesentlichen betroffen sind, sich an der Praxis beteiligen.

📕 → Nordseefestlandsockel-Fälle 1969

43 Das objektive Element lässt sich z. B. ableiten aus
- nationalen Gerichtsentscheidungen,
- nationalen Gesetzen,
- diplomatischen Noten,
- militärischen Kampfmaßnahmen,
- Verhalten von Behörden (Verhaftungen, Beschlagnahmung usw.).

44 Das subjektive Element ergibt sich typischerweise aus
- Gerichtsurteilen,
- Gesetzen,
- Protestnoten,
- Abstimmungsverhalten in IOs,
- implizit (z. B. Ergreifen von Gegenmaßnahmen).

45 **Beispiel (📕 → Durchgangsrecht über indisches Gebiet-Fall_1957_1960):** Streitfrage in dem vom IGH 1960 entschiedenen Fall war, ob es aufgrund von Völkergewohnheitsrecht ein Durchgangsrecht vom Meer aus zu einer Enklave im Westen Indiens, das bis 1954 teil Portugiesisch-Indiens war, gibt. Hintergrund war die ab 1954 ausgeübte Kontrolle indischer Nationalisten über dieses Gebiet, woraufhin Indien Portugal den Durchgang verweigerte. Der IGH entschied, dass aufgrund der seit dem 19. Jahrhundert erfolgten Staatenpraxis ein Durchgangsrecht aufgrund von bilateralem Völkergewohnheitsrecht besteht, das sich jedoch nur auf Zivilpersonen erstreckt und nicht für Militärpersonal gilt.

46 **2. Widerspruch.** Der **Widerspruch** eines Staates spielt im Zusammenhang mit Übung anderer Länder eine bedeutende Rolle. Zum einen kann ein Staat durch Widerspruch unter Umständen die Herausbildung von Völkergewohnheitsrecht verhindern. Dies aber jedoch nur dann, wenn auch andere Staaten sich der Auffassung des widersprechenden Staates in ihrer Übung anschließen.

Anders zu beurteilen ist der Widerspruch eines **persistent objector**. Dieser verhindert die Herausbildung von Völkergewohnheitsrecht nicht grundsätzlich, sondern schließt nur dessen Anwendung auf ihn aus (etwa weil ein Staat wegen besonderer Umstände eine Anwendung auf sich als inakzeptabel ansieht). Hierfür sind beim Widerspruch strenge Maßstäbe anzulegen. **47**

📖 → Fischerei-Fall 1951

IV. Allgemeine Rechtsgrundsätze

Allgemeine Rechtsgrundsätze sind solche, die von den Staaten in ihren nationalen Rechtsordnungen anerkannt sind. Diese sind theoretisch durch Rechtsvergleichung zu ermitteln und unterscheiden sich damit von allgemeinen Grundsätzen des Völkerrechts, da letztere ihre Quelle im Völkergewohnheitsrecht haben (z. B. das **Prinzip der souveränen Gleichheit**). In der Praxis wird auf allgemeine Rechtsgrundsätze zurückgegriffen, wenn es kein einschlägiges Völkervertrags- oder Gewohnheitsrecht gibt. **48**

> **Beispiel:** **49**
> Das Institut der Verjährung ist grundsätzlicher Art: Ansprüche, die zu lange nicht geltend gemacht wurden, verfallen. Hingegen sind die verschiedenen innerstaatlichen Verjährungsfristen nicht grundsätzlicher Art; es ist vielmehr in jedem Fall gesondert zu erheben, ob nach dessen konkreten Umständen davon gesprochen werden kann, dass eine rechtzeitige Geltendmachung des Anspruchs versäumt wurde.

Allgemeine Rechtsgrundsätze können teilweise sehr konkret sein, wie folgende Beispiele zeigen: **50**
- Verpflichtung zu Schadenersatz,
- Verzugszinsen,
- Zulässigkeit indirekter Beweisführung (📖 → Korfu-Kanal Fall),
- Notstand,
- Verjährung von Forderungen,
- Verbot des Rechtsmissbrauches.

2. Kapitel Völkerrechtsquellen

Bedeutende Rechtsquellen im Bereich Völkerrechtsquellen
• Wiener Übereinkommen über das Recht der Verträge vom 23. Mai 1969 (WVK) • Wiener Übereinkommen über das Recht der Verträge zwischen Staaten und internationalen Organisationen oder zwischen internationalen Organisationen 1986 (WVKII) • Statut des Internationalen Gerichtshofs vom 26. Juni 1945 • Satzung der Vereinten Nationen vom 26. Juni 1945

3. Kapitel Völkerrechtssubjekte

I. Der Staat

Zur Beurteilung der Entstehung des Staates hat sich die sog. **„Drei-Elementen-Lehre"** des Staatsrechtlers **Georg Jellinek** durchgesetzt und wurde völkergewohnheitsrechtlich akzeptiert. Demnach geht es um das Vorliegen der konstituierenden **Staatlichkeitselemente Staatsgebiet, Staatsvolk und Staatsgewalt.** Dies wurde auch in der Montevideo-Konvention über die Rechte und Pflichten der Staaten vom 26. Dezember 1933 (⚖ → Montevideo-Konvention) verankert: „Der Staat als eine Person internationalen Rechts sollte über die folgenden Merkmale verfügen: eine ständige Bevölkerung; ein definiertes Territorium; eine Regierung und die Fähigkeit, mit den anderen Staaten in Beziehung zu treten." Unabhängig davon ist die (lediglich deklarative) Anerkennung durch andere Staaten. So bestimmt Art. 3 der Montevideo-Konvention: „Die politische Existenz eines Staates ist unabhängig von der Anerkennung durch andere Staaten. Auch vor dieser Anerkennung hat ein Staat das Recht, seine Integrität und Unabhängigkeit zu verteidigen [...]".

51

> Die **Anerkennung von Staaten** ist daher juristisch bloß deklaratorisch, aber politisch ein höchst relevanter Akt. Eine Anerkennung als unabhängiger Staat bzw. die Nichtanerkennung kann – trotz juristisch zu bejahenden Staatsqualität – weitreichende praktische Folgen haben, wie das die politische Isolation von der Volksrepublik China beanspruchten Taiwan zeigt.

Auch heute ist der Status als „Staat" in doch einigen Territorien noch umstritten (meist aus politischen Gründen): z. B. Abchasien, Bergkarabach, Republik China (Taiwan), Kosovo (dessen **Unabhängigkeitserklärung** allerdings durch ein Rechtsgutachten des IGH 2010 als nicht völkerrechtswidrig anerkannt wurde, ⚖ → Kosovo Gutachten), Nordzypern, palästinensische Autonomiegebiete (Ausarbeitung „Zur völkerrechtlichen Anerkennung Palästinas" des Wissenschaftlichen Dienstes des Deutschen Bundestages https://www.bundestag.de/resource/blob/631838/0697a1a6392406b6501bdfc557ee8b23/WD-2-009-19-pdf-data.pdf <Stand: 13.12.2021>), Somaliland, Südossetien, Transnistrien, Westsahara.

52

3. Kapitel Völkerrechtssubjekte

53 Besondere völkerrechtliche Vorschriften regeln auch Fragen der Abgrenzung von Souveränität im Meer und der Hohen See, mit Regelungen zur Ausschließlichen Wirtschaftszone, dem Küstenmeer, Anschlusszone, dem Festlandsockel und der Hohen See.

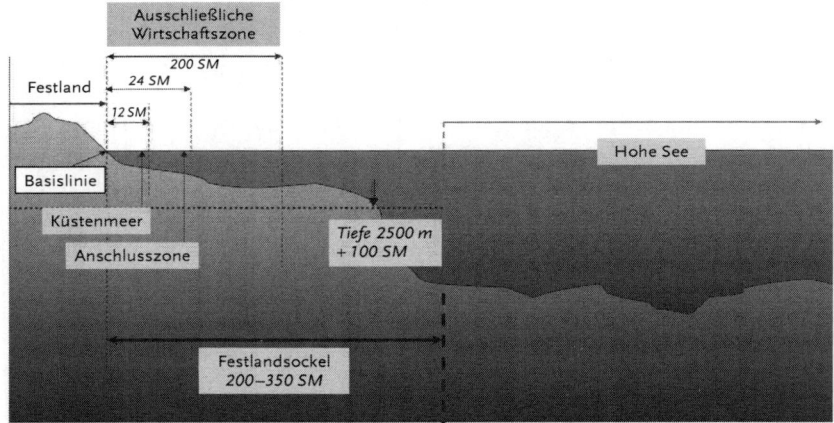

Küstenmeer
Definition: UN-Seerechtskonvention: Art. 3 ff. bis 12 Seemeilen, von Basislinie, festzulegen vom Küstenstaat.
Rechtsfolgen:
Souveränität üb. Küstenmeer und seinen Luftraum (Art. 2 UN-See)
Trotz Souveränität:
1. Gewährung friedlicher Durchfahrt für Schiffe aller Staaten (Art. 17 UN-See);
2. Friedliche Durchfahrt einschränkbar: Küstenstaat kann eigene Gesetze zur Regelung der Durchfahrt (im Bereich Sicherheit, Schutz der eigenen See-Ressourcen, Umweltschutz, Gewährung v. Forschung, Verhütung von Verstößen gegen Zoll-, Finanz-, Einreise-, Gesundheitsschutzgesetze) erlassen (Art. 21 UN-See);
3. See-Weg Kontrolle (Art. 22 UN-See).

Anschlusszone
Definition: UN-Seerechtskonvention:
Art. 33 bis 24 Seemeilen, von Basislinie, festzulegen vom Küstenstaat.
Rechtsfolgen:
Vorsorge gegen Verstöße gegen nat. Sicherheit, Schutz der eigenen See-Ressourcen, Umweltschutz, Gewährung v. Forschung, Verhütung von Verstößen gegen Zoll-, Finanz-, Einreise-, Gesundheitsschutzgesetze
Ahndung derartiger Verstöße (Nacheile)

Ausschließliche Wirtschaftszone
Definition: UN-Seerechtskonvention: Art. 55 ff. bis 200 Seemeilen, von Basislinie

Abb. 2: Seegebiete

Rechtsfolgen:
- Wirtschaftliche Ausbeutung, Nutzung, Erhaltung und Erforschung von Ressourcen über, an und unter dem Meeresboden, insbes. Fischereirechte (Art. 62 UN-See), Festsetzung v. Fangquoten (Art. 61 UN-See)
- Jedoch Respektierung der Schifffahrts-, Überflugs-, Kabel- und Rohrleitungsverlegungsrechte bzw. deren Betrieb von Drittstaaten (unabhängig ob Küsten- oder Binnenstaaten [siehe insbes. 69 UN-See]) (Art. 58 UN-See)
- Beteiligung eines anderen Staates am nicht-selbstabfischbaren Fischbestand
- Zugangsgewährung zu verbleibendem Überschuss an Drittstaaten (siehe insbes. 69 UN-See) (Art. 58 UN-See)

Festlandsockel
Definition: Mind. 200–350 SM landauswärts zur Basislinie (Art. 76 UN-See). Absenkung des Kontinentalabhangs zum Tiefseeboden in ca. 3500–5500 Metern Tiefe. Ggf. (bei zu geringem Abstand Festlegung durch völkerrechtliche Übereinkommen (Art. 83 UN-See) (siehe Anlage BGBl. 1972 II, S. 881 ff., 897)
Rechtsfolgen:
Nutzung der Natur (Boden-)Schätze des Festlandsockels. KEINE Nutzungsrechte der darüberliegenden Gewässer, bzw. d. Luftraumes. (Art. 78 UN-See); keine Behinderungen der Wahrnehmung v. Rechten durch Drittstaaten Art. (78 UN-See) insbes. Kabeldurchleitungen (Art. 79 UN-See).

Hohe See
Rechtsfolgen:
Freiheit Schifffahrt, Überflug, Kabel-, Rohrdurchleitungen, Errichtung künstl. Inseln, Fischerei, wissenschaftl. Forschung (Art. 86 UN-See)

Entstehung, Untergang und Staatennachfolge. Ein Staat entsteht entweder **54**
durch
- Bildung eines Neustaates auf staatenlosem Gebiet (was historisch die älteste Form, es aber heute keine „staatenlosen" Gebiete mehr gibt), oder
- Zerfall (sog. **Dismembratio**) (z. B. Jugoslawien, Sowjetunion oder die Tschechoslowakei) oder
- Zusammenschluss von Staaten zu einem Neustaat (z. B. Gründung des Deutsches Reichs 1871, Tansania aus Tanganjika und Sansibar) oder
- **Sezession** (z. B. USA ab 1776 oder Kosovo von Serbien ab 1999).

Insbesondere die Frage nach einem völkerrechtlichen **Recht auf Sezession** ist **55**
höchst umstritten, aber von praktischer Relevanz (Quebec von Kanada, Katalonien von Spanien, Schottland von Großbritannien). Der IGH hat hierzu nur ausweichend im Rahmen des Kosovo-Gutachtens Stellung genommen und festgehalten, dass es „grundlegend unterschiedliche Auffassungen" zur Frage des Sezessionsrechts als Notwehrrecht gebe.

📖 → Kosovo Gutachten, Rn. 82

Zerfall und Zusammenschluss sind sodann oft mit dem Untergang eines alten **56**
Staates verbunden (z. B. Wiedervereinigung Deutschlands mit der Folge des Untergangs der DDR).

Die „Ersetzung eines Staates durch einen anderen in Hinblick auf die Verant- **57**
wortlichkeit für die internationalen Beziehungen seines Gebietes" (z. B. bestehende Verträge, Staatsschulden) ist eine Frage der **Staatennachfolge**. Dies sind komplexe Fragen, die insbesondere von den folgenden Konventionen behandelt werden: „Wiener Konvention über Staatennachfolge in Hinblick auf Verträge" vom 23. August 1978 (📖 → Wiener Konvention_23.8.1978) und die „Wiener Konvention über Staatennachfolge betreffend Staatseigentum, Archive und Schulden" vom 6. April 1983 (📖 → Wiener Konvention_6.4.1983).

II. Die Internationale Organisation

Internationale Organisationen im Sinne des Völkerrechts werden solche Orga- **58**
nisationen mit zwischenstaatlicher Natur (sog. intergovernmental organizations, IGO) bezeichnet. Davon zu unterscheiden sind nichtstaatliche bzw. private internationale Organisationen (non-governmental organizations, NGO)

wie Amnesty International, Greenpeace International, aber auch die FIFA, die zwar international tätig sind, aber nicht auf zwischenstaatlicher völkerrechtlicher Vereinbarung beruhen und grundsätzlich keine Völkerrechtssubjekte sind. Ihre politische Rolle in den internationalen Beziehungen sollte dennoch nicht unterschätzt werden (beispielsweise arbeiten viele NGO eng mit der UNO zusammen). Als „Internationale Organisation" wird im Folgenden ausschließlich die IGO verstanden.

59 Die Internationale Organisation (IO) ist ein **abgeleitetes Völkerrechtssubjekt**, da es eines zwischenstaatlichen Gründungsaktes bedarf (z. B. der Satzung der Vereinten Nationen), also vom Willen der Staaten abgeleitet ist, und auf völkerrechtlichen Vertrag beruht.

60 Um als IO im Sinne des Völkerrechts zu gelten, müssen vier Elemente erfüllt sein:
- (Gründungs-)Vertrag,
- beteiligte Staaten,
- Angelegenheiten gemeinsamen Interesses,
- gemeinsame Organe.

61 Zu den wichtigsten internationalen Organisationen zählen Friedensorganisationen, wie z. B. die **UNO** oder **NATO**, aber auch technische Organisationen, wie die Welthandelsorganisation (**WTO**), Weltgesundheitsorganisation (**WHO**), Weltbank, Internationaler Währungsfonds (**IMF**). Auch **regionale Organisationen**, wie der Europarat oder die Afrikanische Union, sind internationale Organisationen, obwohl sie in ihrem Fokus und ihrer Zielsetzung regional ausgerichtet sind. Einen Sonderfall bildet die Europäische Union; diese wird in einem eigenen Abschnitt kurz behandelt.

62 1. **Die Organisation der Vereinten Nationen (UNO).** Die UNO zählt zu den universellen **Friedensorganisationen** und ist Nachfolger des nach dem Ersten Weltkrieg gegründeten **Völkerbundes** (♛ → Satzung des Völkerbundes 1919). Als Friedensorganisation konnte der Völkerbund den Ausbruch des Ersten Weltkrieges nicht verhindern, insb. weil die USA nie Mitglied wurden, die Satzung nur ein relatives Kriegsverbot enthielt und in wichtigen Angelegenheiten Einstimmigkeit erforderte, die zur Handlungsunfähigkeit führten.

63 Aus diesen Fehlern haben die Gründerstaaten der UNO mit Ende des Zweiten Weltkrieges gelernt. Mit der **Satzung der Vereinten Nationen (SVN)** (auch UN-Charta) (♛ → Satzung der Vereinten Nationen) wurde ein **absolutes Gewaltverbot** (Art. 2 Abs. 4 SVN) eingeführt und das System der kollektiven Sicherheit ausgebaut (Kapitel VII SVN sieht Maßnahmen bei Bedrohung des Friedens, bei Friedensbrüchen und Angriffshandlungen vor). Um Konflikte zwischen Großmächten hintanzuhalten, wurden diese als ständige Mitglieder im Sicherheitsrat mit einem Vetorecht ausgestattet. Eine (wohl unvermeidliche) Folge davon ist, dass der UN-Sicherheitsrat oft wegen politischer Interessen der Großmächte blockiert bleibt (z. B. blockierten Russland und China eine Resolution im UN-Sicherheitsrat, die Sanktionen gegen das syrische Regime von Präsident Bashar al-Assad, das völkerrechtswidrig Giftgas eingesetzt hatte, vorgesehen hätte).

> **Organe der UNO:**
> - Generalversammlung: 193 Mitglieder (ein Staat, eine Stimme)
> - Sicherheitsrat: 15 Mitglieder, 5 ständige mit Vetorecht
> - Internationaler Gerichtshof: 15 unabhängige Richter
> - Sekretariat: Generalsekretär für jeweils 6 Jahre gewählt
> - Wirtschafts- und Sozialrat: 54 Mitglieder (wichtig für Zusammenarbeit mit UN-Spezialorganisationen)

a) **Generalversammlung (GV).** Sie setzt sich als Plenarorgan aus allen Mitgliedern (derzeit 193) zusammen und besitzt grundsätzlich Generalkompetenz, kann also alle Fragen, die in den Rahmen der UN-Charter fallen erörtern (Art. 10 SVN). Dazu zählen auch die Aufrechterhaltung des Weltfriedens und der internationalen Sicherheit, wobei hier der UN-Sicherheitsrat Vorrang genießt.

Die Generalversammlung tritt einmal im Jahr von September bis Dezember in New York, dem Hauptsitz der UNO, zusammen. Beschlüsse in wichtigen Fragen erfordern eine Zweidrittelmehrheit der anwesenden und abstimmenden Mitglieder. Dazu zählen: Empfehlungen betreffend Aufrechterhaltung des Weltfriedens, Aufnahme neuer Mitglieder, und Budgetfragen (Art. 18 UNO-Satzung). Alle anderen Beschlüsse werden mit einfacher Mehrheit gefasst. Im Gegensatz zum UN-Sicherheitsrat kann die Generalversammlung keine rechtlich verbindlichen Resolutionen verabschieden (mit Ausnahme der Budgetbeschlüsse, Art. 17 SVN). Ihre Resolutionen haben lediglich empfehlenden Charakter, können aber natürlich politisches Gewicht erlangen bzw. auch als Nachweis einer bestimmten Rechtsüberzeugung im Zusammenhang mit der Entstehung von Völkergewohnheitsrecht praktisch bedeutsam sein.

3. Kapitel Völkerrechtssubjekte

66 **b) Sicherheitsrat (SR).** Dieses Organ besteht aus fünf ständigen (China, Frankreich, Russland, Vereinigtes Königreich und USA) und zehn nichtständigen Mitgliedern, die für zwei Jahre gewählt werden (jedes Jahr fünf). Der SR besitzt die Hauptverantwortung für die Aufrechterhaltung des Weltfriedens und der **internationalen Sicherheit** (Art. 24 Abs. 1 SVN). Dafür ist er mit weitreichenden Kompetenzen ausgerüstet und kann rechtlich verbindliche **Resolutionen** verabschieden (Art. 25 SVN) und Zwangsmaßnahmen bis hin zu militärischen Mitteln autorisieren (Art. 39 ff. SVN).

📖 → UN Security Council Resolution 1990/678

67 **c) Internationaler Gerichtshof (IGH).** Als Hauptrechtsprechungsorgan der UNO mit 15 RichterInnen entscheidet der IGH über Rechtsstreitigkeiten zwischen Staaten. Darüber hinaus kann er auch über „jede Rechtsfrage", die ihm von der GV oder dem SR (aber auch von anderen Organen bzw. Spezialorganisationen der UN) vorgelegt wird, ein Rechtsgutachten erstatten (Art. 96 SVN). Näheres findet sich in dessen Statut, das der SVN beigefügt und deren integrierenden Bestandteil bildet.

📖 → Statut des Internationalen Gerichtshofes

68 Beispielsweise wurde von der Generalversammlung ein Gutachten im Jahre 2010 angefordert, in der es um die Frage ging, wie die Unabhängigkeitserklärung des Kosovo aus 2008 völkerrechtlich zu beurteilen ist. Der IGH hat diese Erklärung in seinem Gutachten als nicht völkerrechtswidrig angesehen. Diese Gutachten sind zwar formell nicht rechtlich bindend, besitzen aber dennoch aufgrund der Zusammensetzung des IGH eine hohe juristische Autorität und Überzeugungskraft. In der Praxis vermeidet der IGH in seinen Entscheidungen die Klärung allgemeiner (oft mit weitreichenden politischen Folgen verbundenen) Rechtsfragen. So hat der IGH in der Beantwortung der Fragen bzgl. der Unabhängigkeitserklärung lediglich die Erklärung als solche als rechtskonform angesehen, über Fragen der Zulässigkeit von Unabhängigkeitsbestrebungen bzw. nach einem Recht auf Unabhängigkeit hat er sich nicht geäußert.

📖 → Kosovo-Gutachten

69 Bei Rechtsstreitigkeiten besteht keine obligatorische Gerichtsbarkeit, sondern die Staaten müssen sich dem IGH unterwerfen. Dies geschieht entweder unabhängig von einem konkreten Fall durch eine einseitige Erklärung nach Art. 36 IGH-Statut gegenüber jedem Staat, der eine ebensolche Unterwerfungserklärung abgegeben hat (**Fakultativklausel**). Der IGH kann zudem auch im Einzelfall durch eine vertragliche Unterwerfung zuständig gemacht werden.

II. Die Internationale Organisation

Ebenso kann einem Vertrag ein „Fakultativprotokoll" beigefügt, oder in diesem eine Unterwerfungsklausel inseriert werden, durch den der IGH für die Entscheidung aller Streitigkeiten aus dem Vertrag zuständig gemacht wird. Die Bereitschaft, sich der obligatorischen Gerichtsbarkeit des IGH zu unterwerfen, ist gering.

Als zentrales Rechtsprechungsorgan der Vereinten Nationen genießt der IGH natürlich eine Sonderstellung innerhalb der Völkerrechtsordnung. Dennoch gibt es eine Zahl weiterer internationaler Gerichte, die je nach Regelungsgebiet und Zuständigkeit für bestimmte Streitigkeiten angerufen werden können (z. B. der Internationale Seegerichtshof). **70**

Die ständigen Gerichtshöfe der Vereinten Nationen	
Internationaler Gerichtshof (IGH) Datenbank: Homepage → Cases	Der Internationale Gerichtshof (International Court of Justice – Cour internationale de Justice) in Den Haag ist Hauptrechtsprechungsorgan der Vereinten Nationen. Er entscheidet über völkerrechtliche Streitigkeiten zwischen Staaten und erstellt Rechtsgutachten für die Vereinten Nationen bzw. deren Unterorganisationen.
Internationaler Seegerichtshof Datenbank: Homepage → Proceedings and Judgements/ Procédures et arrêts	Der Internationale Seegerichtshof (International Tribunal for the Law of the Sea – Tribunale internationale du droit de la mer) in Hamburg ist ein aufgrund der UN-Seerechts-Konvention gegründetes Gericht. Es befasst sich mit der Interpretation und Anwendung der o. g. Konvention.
Die ständigen Gerichtshöfe der Europäischen Union	
Europäischer Gerichtshof/ EuGH Datenbank: Homepage → CURIA	Der EuGH (**Gerichtshof**) in Luxemburg bildet mit dem Gericht der Europäischen Union (vormals Gericht erster Instanz) und dem Gericht für den öffentlichen Dienst der Europäischen Union das Gerichtssystem der Europäischen Union. Er sichert „die Wahrung des Rechts bei der Auslegung und Anwendung der Verträge" (Art. 19 Abs. 1 Satz 2 EUV).

23

3. Kapitel Völkerrechtssubjekte

Menschenrechtsgerichtshöfe	
Europäischer Gerichtshof für Menschenrechte (EGMR) Datenbank: Homepage → HUDOC Europarat, Urteile und Entscheidungen auch: • Europäische Grundrechte-Zeitschrift (EuGRZ) • Rechtsprechungsberichte des Bundesministeriums der Justiz • Quartalsberichte des schweizerischen Bundesamtes der Justiz Fundstellenverzeichnis von Marten Breuer	Der Europäische Gerichtshof für Menschenrechte (European Court of Human Rights – Cour Européenne des Droits des Hommes) in Straßburg entscheidet Fälle der Europäischen Menschenrechtskonvention.
Interamerikanischer Gerichtshof für Menschenrechte Datenbank: Homepage → Decisions and Judgments Casos contenciosos	Der Interamerikansche Gerichtshof für Menschenrechte (Inter-American Court of Human Rights – Corte Interamericana de Derechos Humanos) mit Sitz in San José (Costa Rica) ist ein aufgrund der Amerikanischen Menschenrechts-Konvention 1979 eingerichtetes Gericht amerikanischer Staaten, mit dem Ziel der Anwendung und Interpretation der Amerikanischen Menschenrechts-Konvention und anderer Abkommen zum selben Thema.
Afrikanischer Gerichtshof für die Menschenrechte und die Rechte der Völker Datenbank: Homepage → Cases	Den Afrikanischer Gerichtshof für die Menschenrechte und die Rechte der Völker (African Court on Human and Peoples' Rights) mit Sitz in Arusha (Tansania) schuf Article 1 des Protokolls zur Afrikanischen Menschen- und Völkerrechtskonvention. Er sichert die Verteidigung und Durchsetzung der Menschenrechte in Afrika und vervollständigt dadurch die Tätigkeit der Afrikanischen Menschenrechtskommission.
Strafgerichtshöfe	
Internationaler Strafgerichtshof (IStGH) Datenbank: Homepage → „Legal Tools" http://www.icc-cpi.int/	Der Internationale Strafgerichtshof (International Criminal Court – Cour Pénale Internationale) ist ein Strafgericht. Er verfolgt Straftaten des Völkermords, Verbrechen gegen die Menschlichkeit und Kriegsverbrechen.

II. Die Internationale Organisation

Ad-hoc Strafgerichtshöfe der Vereinten Nationen	
Internationaler Strafgerichtshof für das frühere Jugoslawien Datenbank: Homepage → The Cases, Les affaires Legal Library (Zusammenfassungen der Entscheidungen)	Der Internationale Strafgerichtshof für das frühere Jugoslawien (International Criminal Tribunal for the former Yugoslavia – Tribunal Pénal Internationale pour l´ex-Yougoslavie) in Den Haag ist ein UN-ad-hoc-Tribunal, das gravierende Verstöße gegen das humanitäre Völkerrecht (Kriegsverbrechen, Völkermord und Verbrechen gegen die Menschlichkeit) aburteilt, die in Ex-Jugoslawien verübt wurden.
Internationaler Strafgerichtshof für Ruanda Datenbank: Homepage → Cases, Affaires Trial Watch	Der Internationale Strafgerichtshof für Ruanda (International Criminal Tribunal for Rwanda – Tribunal pénal international pour le Rwanda) in Arusha (Tansania) ist ein UN- ad-hoc-Tribunal, das schwere Verstöße gegen das humanitäre Völkerrecht, die im Jahre 1994 in Ruanda begangen wurden, verfolgt.
Sonstige internationale Streitbeilegungsorgane	
Ständiger Schiedshof (CPA) Datenbank: Homepage → Cases, Affaires	Der Ständige Schiedshof (Permanent Court of Arbitration – PCA, Cour permanente d'arbitrage – CPA) in Den Haag ist ein unabhängiges zwischenstaatliches Schiedsgericht, das bei internationalen Streitigkeiten zwischen Staaten, Privaten und internationalen Organisationen internationale Streitigkeiten entscheidet.
Dispute Settlement Body – Streitbeilegungsorgan der WTO –	Das Streitbeteiligungsorgan der WTO (World Trade Association – WTO), das „Dispute Settlement Body" wird das Streitbeilegungsorgan der WTO und seine Arbeit auf Englisch, Spanisch und Französisch vorgestellt. Staaten können dieses Streitbeilegungsorgan bei Streitigkeiten über den internationalen Handel anrufen. Auf den Webseiten kann man nach Dokumenten über die dort verhandelten Verfahren recherchieren.

Abb. 3:   Internationale Gerichte

2. Sonderfall Europäische Union. Ein überaus interessantes Subjekt des Völker- **71** rechts stellt die Europäische Union (EU) dar. Sie bestand ursprünglich als nichtvölkerrechtsfähige Einheit aus drei völkerrechtsfähigen Gemeinschaften, der
- Europäischen Atomgemeinschaft (EURATOM [1.1.1958]), der
- Europäischen Gemeinschaft für Kohle und Stahl (EGKS [23.7.1952]) und der
- Europäischen Wirtschaftsgemeinschaft (EWG [1.1.1958]).

72 Der EGKS-Vertrag lief zum 22. Juli 2002 aus, sodass die erstgegründete Gemeinschaft der EU ab dem 22. Juli 2002 nicht mehr besteht.

73 Der Maastrichter Vertrag über die Europäische Union – der sog. EUV vom 7. Februar 1992 – vereinigte zum 1. November 1993 die Aufgaben der **Europäischen Gemeinschaften** um eine „gemeinsame Außen- und Sicherheitspolitik **(GASP)** und der Kooperation der Mitgliedsstaaten in der Innen- und Justizpolitik **(ZBIJ)**" zu einer rein „politischen Organisation". Diese gewann erst mit dem sog. **Lissabonner Vertrag** 1.1.2009 die „Völkerrechtsfähigkeit" (siehe Art. 47 des einschlägig geänderten EUV). Zur Geschichte der Europäischen Union und ihren Organen im Einzelnen siehe *Krimphove*, Europarecht, 3. Aufl., 2020, S. 2 ff., Rn. 4 ff., 9 ff. und 👆 → AEUV und EUV.

74 Die Geschichte – aber insbesondere die rechtliche Entwicklung der EU – ist unter völkerrechtlichem Geschichtspunkt aus zwei Aspekten interessant:

75 **a) Die EU als Völkerrechtssubjekt.** Zur Bildung der EU haben die Gründungsstaaten, nahezu vorbildlich, für alle Völkerrechtssubjekte Teile ihrer Staatssouveränität der EU übertragen, damit diese überhaupt funktionsfähig erscheint **(Costa/ENEL**, EuGH v. 15.7.1964 [Rs. 6/64] Flamio Costa gegen ENEL, Slg. 1964, S. 1251 ff., Rn. 8 ff., 👆 → EuGH_Costa v ENEL; auch: EuGH v. 13.2.1969 [Rs. 14/68] Walt Wilhelm gegen Bundeskartellamt, Slg. 1969, S. 1 ff., 👆 → EuGH_Walt Wilhelm v Bundeskartellamt).

76 Als Völkerrechtssubjekt hat die EU die völkerrechtliche **Souveränität** anderer Völkerrechtssubjekte und insbesondere deren Rechtsordnung zu respektieren. Einen in diesem Zusammenhang interessanten Rechtsstreit hatte der EuGH im Fall „Wiederverheiratung" (EuGH v. 11.9.2018 [Rs. C. C-68/17], IR./.JQ, ECLI:EU:C:2018:696, 👆 → EuGH_IR v JQ) zu entscheiden. Dort kündigte der Träger eines deutschen katholischen Krankenhauses das Arbeitsverhältnis mit einem Arzt, da dieser sich nach staatlichem Recht wiederverheiratete, aber damit gegen das Recht des Völkerrechtssubjektes der Katholischen Kirche (Can. 1085, 1141; Art. 4 der Grundordnung des kirchlichen Dienstes 1993) verstieß. Zu diesem Konflikt siehe *Krimphove*, Europarecht, 3. Aufl., 2020, S. 84 f., Rn. 171e ff. (m. w. H.). Zu einem völkerrechtlichen Fall des Investitionsschutzabkommen-Rechtes siehe: EuGH v. 6.3.2018 (Rs. C.284/16) Slowakische Republik ./. Achmea BV ECLI:EU:C:2018:158, 👆 → EuGH_Slowakische Republik v Achmea BV, *Krimphove*, Europarecht, 3. Aufl., 2020, S. 14 ff., Rn. 24a ff. (m. w. H.).

II. Die Internationale Organisation

b) Durchbrechung des völkerrechtlichen Grundsatzes der Nicht-Berücksichtigung von Nicht-Völkerrechtssubjekten. Die EU, als Völkerrechtssubjekt, durchbricht den strengen völkerrechtlichen Grundsatz, dass BürgerInnen, Unternehmen, Individuen nur eingeschränkten Bezug zum Völkerrecht haben. 77

Natürlich wendet sich das Europarecht insbesondere der EU-V und ursprünglich auch der **EWG-V** (heute: AEUV) ausschließlich an Völkerrechtssubjekte; seien es ihre Mitgliedstaaten, seien es die außereuropäischen Staaten oder völkerrechtsfähigen internationalen Organisationen (s. o.). 78

c) Die unmittelbare Begünstigung Europäischer BürgerInnen nach dem EU-Recht. Die Rechtsprechung des EuGH ließ, insbesondere im Verhältnis der EU zu ihren Mitgliedstaaten, weitreichende Ausnahmen von diesem völkerrechtlichen Grundsatz zu: 79

Der EuGH gewährte bereits in seiner Entscheidung **Van Gend en Loos** (EuGH v. 5.2.1963 [Rs. 26/62] NV Algemene Transport- en Expedie Onderneming Van Gend en Loos gegen Nederlandse Administratie der Belastingen, Slg 1963, S. 3, ⚖ → Fall Van Gend & Loos) einem Nicht-Völkerrechtssubjekt – nämlich einem privaten **Unternehmen** – einen eigenständigen Anspruch gegen die EU. 80

In seiner Entscheidung **Leonesio** (EuGH v. 17.5.1972 [Rs. 93/71] Orsolina Leonesio gegen Ministero dell'agricoltura e forste, Slg. 1972, S. 287, ⚖ → EuGH_Orsolina Leonesio v Ministero dellagricoltura e forste) schuf der EuGH einen eigenständigen Anspruch einer Bürgerin (Frau Leonesio) gegen ihren Heimatstaat (Italien). 81

Der Europäische Gerichtshof (EuGH) ist immer dann bereit, einem Nicht-Völkerrechtssubjekt ein eigenes Recht zuzusprechen, wenn dessen sog. Grundfreiheiten betroffen sind. Europäische Grundfreiheiten sind: 82
- **Warenverkehrsfreiheit** (Art. 34 ff. AEUV),
- **Arbeitnehmerfreizügigkeit** (Art. 45 ff. AEUV),
- **Niederlassungsfreiheit** (Art. 49 ff. AEUV),
- **Dienstleistungsfreiheit** (Art. 56 ff. AEUV),
- **Kapital- und Zahlungsverkehrsfreiheit** (Art. 63 ff. AEUV).

Eigens die Grundfreiheit der **Arbeitnehmerfreizügigkeit** (Art. 45 ff. AEUV) und damit das Europäische Arbeitsrecht verzichtet vollständig auf die Beteiligung von Völkerrechtssubjekten: Den ursprünglich sich ausschließlich an Völkerrechtssubjekte (europäische Staaten) richtenden Pflichtenkatalog des Art. 45 Abs. 3 AEUV, 83

- das Recht auf ungehinderte **Arbeitsaufnahme** in jedem europäischen Mitgliedsland,
- das Recht auf freie **Einreise** in jedes der europäischen Mitgliedsländer zum Zweck der dortigen Arbeitsaufnahme,
- ein **Aufenthaltsrecht** eines europäischen Arbeitnehmers in jedem europäischen Mitgliedsland zum Zweck der Arbeitssuche und der Arbeitsausführung,
- das **Verbleiberecht** des Arbeitnehmers nach Beendigung seiner Beschäftigung sowie
- das **Verbot der Ungleichbehandlung** europäischer Arbeitnehmer zu ihren inländischen Arbeitnehmern (Diskriminierungsverbot),

erweitert der EuGH auch auf private Rechtsträger; nämlich den **Arbeitgeber**. So interpretiert der EuGH bereits seit dem Jahr 1972 das Diskriminierungsverbot des Art. 45 AEUV so, dass sich diese **Arbeitnehmer**-Rechtspositionen nicht nur gegen das Fremdstaat, sondern auch gegen einen privaten **Arbeitgeber** richten (**Marsmann**; EuGH v. 13.12.1972 [Rs. 44/72] Peter Marsmann gegen M. Rosskamp, Slg. 1972, S. 1243, ⚐ → EuGH_Peter Marsmann v M. Rosskamp).

84 **d) Individuelles Recht des Bürgers bei Versäumnissen im Rechtsetzungsverfahren.** In einen anderen Zusammenhang der völkerrechtsfremden Einbeziehung Privater in einen völkerrechtlichen Vertrag fällt auch die faktische Möglichkeit eines Bürgers, sich auf eine **nicht fristgerecht umgesetzte europäische Richtlinie** zu berufen.

85 Ursprünglich verpflichtet – völkerrechtskonform – eine europäische Richtlinie ausschließlich die **Mitgliedstaaten** (Art. 288 Abs. 3 AEUV). Diese müssen dann deren Inhalte in ihr nationales Recht umsetzen.

86 Allerdings entschied der EuGH (**Ratti:** EuGH v. 5.4.1979 [Rs. 148/78] Ministère public gegen Tulio Ratti, Slg. 1979, S. 1629, ⚐ → EuGH_Strafverfahren v Tullio Ratti; **El Corte**; EuGH v. 7.3.1996 [Rs. C-192/94] El Corte Inglés SA gegen Christina Blázquez Rivero. abgedr. in NJW 1996, S. 1401 f.; EuGH Slg. 1996, S. I-1281, ⚐ → EuGH_El Corte Ingles SA v Christina Blazgquez Rivero; vgl. auch **Francovich**; EuGH, v. 19.11.1991 [Rs. C-6/90 und C-9/90] Andrea Francovich, u. a. gegen Italienische Republik, Slg. 1991, S. I-5357, ⚐ → EuGH_Andrea Francovich ua v Italienische Republik; **Dillenkofer**; EuGH v. 8.10.1996 [Rs. C-178/94, C-179/94, C-188/94, C-189/94, C-190/94] Dillenkofer u. a. gegen Bundesrepublik Deutschland; EuGH Slg. 1996, S. I-4845, ⚐ → EuGH_Dillenkofer ua v Bundesrepublik DE; **Dori**; EuGH v. 14.7.1994 [Rs. C-91/92] Paola Faccini Dori, Slg. I 1994, S. 3225, 📖 → EuGH_Paola Faccini Dori), dass der Bürger sich – zu seinen Gunsten – auf (nicht für ihn bestimmten) Richtlinien berufen kann, wenn der Mitgliedstaat seiner Verpflichtung zur fristgerechten Umsetzung nicht nachkommt (siehe: *Krimphove*, Europarecht, 3. Aufl., 2020, S. 29 ff., Rn. 58 ff. m. w. H.).

III. Sonstige Völkerrechtssubjekte

Das Völkerrecht kennt zu den oben erwähnten noch sogenannte traditionelle Völkerrechtssubjekte. Diese haben sich aus der Geschichte des Völkerrechts herausgebildet. Zu ihnen zählen **87**
- der **Malteser Orden** und
- das Internationale Komitee des Roten Kreuzes (**IKRK**), sowie
- der **Heilige Stuhl**.

Der Heilige Stuhl ist nicht zu verwechseln mit dem Papst. Dieser ist in einer **88** Doppelfunktion religiöses Oberhaupt der römisch-katholischen Kirche und gleichzeitig oberster Vertreter des **Heiligen Stuhls**. Der Heilige Stuhl befindet sich in dem – mit **Lateranverträgen** von 1920 – souveränen Vatikanstaat. Seine diplomatische Vertretung übt der Heilige Stuhl durch seine Botschaften (**Nunziaturen**) aus.

IV. Staatenimmunität und Immunität von internationalen Organisationen

Die Immunität betrifft die Befreiung von der Gerichtsbarkeit und ist daher **89** „nur" eine verfahrensrechtliche Schranke für die Rechtsdurchsetzung. Materielles Recht, also z. B. die Verpflichtung aus einem Vertrag, bleibt weiterhin aufrecht.

3. Kapitel Völkerrechtssubjekte

90 Die **Staatenimmunität** regelt diese Befreiung von der Gerichtsbarkeit eines fremden Staates und ist damit von der Immunität von Individuen, wie BotschafterInnen – als Organe des völkerrechtlichen Verkehrs – zu unterscheiden. Dies ist insbesondere Gegenstand des Diplomaten und Konsularrechts (♟ → Diplomatenrechtskonvention; ♟ → Konsularrechtskonvention). Staatsoberhäupter sowie Außenminister und Regierungschefs genießen kraft Gewohnheitsrechts auch Immunität.

91 Die **Immunität von Staaten** ergibt sich aus dem Prinzip der **souveränen Gleichheit** untereinander („par in parem non habet imperium"). Daraus folgt auch, dass diese Staatenimmunität nicht vor internationalen Gerichtshöfen anwendbar ist (hier stellt sich aber die Frage nach der Zuständigkeit bzw. der Unterwerfung unter die Gerichtsbarkeit, der Staaten zugestimmt haben müssen). Die Immunität von internationalen Organisationen ist davon abweichend funktionell begründet und daher auch beschränkt.

92 Aber auch Staatenimmunität ist nicht (mehr) absolut, sondern relativ. Immunität wird nur für hoheitliches Handeln („**acta iure imperii**") gewährt und nicht für privatwirtschaftliches Handeln („**acta iure gestionis**") (♟ → OGH Hoffmann gegen Dralle 1950). Hierbei kommt es auf die Natur des Handelns an. Die Frage ist also „kann diese Handlung auch von Privaten ausgeübt werden?"

93 Beispiele:
- Kosten für Reparaturarbeiten Heizungsanlage Iranische Botschaft → keine Immunität
- Unfall mit Auto der US-Botschaft zur Abholung von Botschaftspost → keine Immunität (kommt nicht auf Zweck an!)
- Zwischenlandung ohne Flughafengebühren zu zahlen als Teil NATO-Mission → Immunität
- Zentralbanken → Immunität (z. B. Währungspolitische Handlungen nicht aber für Wertpapiergeschäfte)
- Überraschende Aufhebung eines Mindestwechselkurs entgegen bisheriger öffentlicher Aussagen → Immunität
- Unterscheide aber Immunität im Vollstreckungsverfahren, wenn Vermögenswert hoheitlichen Zwecken dient „Botschaftskonto" Kultureinrichtung für Förderung der bilateralen Kulturszene.

94 Zum Verhältnis zwischen Immunität und ius cogens siehe ♟ → IGH Deutschland-Italien-Fall 2012.

IV. Staatenimmunität und Immunität von internationalen Organisationen

Bedeutende Rechtsquellen im Bereich Völkerrechtssubjekte

- Montevideo Konvention vom 26. Dezember 1933
- UN-Seerechtsübereinkommen vom 10. Dezember 1982
- Wiener Konvention über Staatennachfolge in Hinblick auf Verträge vom 23. August 1978
- Wiener Konvention über Staatennachfolge betreffend Staatseigentum, Archive und Schulden
- Satzung der Vereinten Nationen vom 8. April 1983
- WTO-Abkommen vom 15. April 1994
- Vertrag über die Europäische Union (EUV)
- Vertrag über die Arbeitsweise der Europäischen Union (AEUV)
- Articles of Agreement of the International Monetary Fund (IMF) vom 22. Juli 1944
- Römisches Statut des Internationalen Strafgerichtshofes (IStGH) vom 17. Juli 1998
- Wiener Übereinkommen über diplomatische Beziehungen vom 23. September 1965
- Wiener Übereinkommen über konsularische Beziehungen vom 24. April 1963
- United Nations Convention on Jurisdictional Immunities of States and Their Property vom 2. Dezember 2004

4. Kapitel Individuen im Völkerrecht

I. Das Individuum als völkerrechtliches Rechtssubjekt

95 Das Individuum war nach klassischem Völkerrecht lediglich (nach der traditionellen Lehre der „**Mediatisierung des Individuums**") durch den Staat repräsentiert (so ist das diplomatische Schutzrecht ein Recht des Heimatstaates eines Staatsangehörigen im Ausland, aber kein Recht der Einzelperson). Diese Lehre gilt heute als überholt, da das Individuum (einschließlich juristischer Personen) in einer Vielzahl von Rechtsbereichen direkt aufgrund von Völkerrecht berechtigt und verpflichtet ist: Dazu zählen die Menschenrechte, aber besonders für juristische Personen relevant auch das Investitionsschutzrecht. Verpflichtet werden Individuen direkt z. B. aufgrund von Völkerstrafrecht, das die Ahndung von Völkerrechtsverbrechen und die direkte strafrechtliche Verantwortlichkeit von Personen normiert.

📖 → Römisches Statut des Internationalen Strafgerichtshofes

II. Die Menschenrechte

96 Zu den wichtigsten völkerrechtlichen Menschenrechtsdokumenten zählen die (grundsätzlich unverbindliche) „Allgemeine Erklärung der Menschenrechte" 10. Dezember 1948 (als Resolution angenommen, die aber keinerlei Kontrollmechanismen enthielt) sowie die (rechtlich verbindlichen) UNO Menschenrechtspakte von 1966.

97 Pakt I „**über wirtschaftliche, soziale und kulturelle Rechte**" enthält z. B. das Recht auf Arbeit und gerechte Arbeitsbedingungen, soziale Sicherheit und Bildung, etc. Diese werden auch als Rechte der „zweiten Generation" bezeichnet und werden oftmals als nicht justiziabel angesehen, wobei mit dem 2013 in Kraft getretenen Fakultativprotokoll nunmehr auch eine Individualbeschwerde ermöglicht wird. Die Anzahl der Ratifizierungen des Protokolls ist jedoch noch überschaubar.

II. Die Menschenrechte

Pakt II „über bürgerliche und politische Rechte" enthält die klassischen Freiheitsrechte wie z. B. das Recht auf Leben, das Verbot der Folter, der Sklaverei und Leibeigenschaft, das Recht auf persönliche Freiheit und auf Religionsfreiheit (Rechte der „ersten Generation"). Diese umfassen neben den liberalen Abwehrrechten gegen den Staat auch die klassischen staatsbürgerlichen und politischen Rechte wie die Meinungs- und Versammlungsfreiheit.

98

Im Zusammenhang mit Europa ist eine der größten Errungenschaften im Bereich der Menschenrechte die **„Europäische Konvention zum Schutz der Menschenrechte und Grundfreiheiten"** (**EMRK**). Sie hat 47 europäische Staaten als Mitglieder (darunter auch Staaten wie Russland oder die Türkei). Für die gerichtliche Durchsetzung der Konvention sorgt der Europäische Gerichtshof für Menschenrechte (EGMR) in Straßburg. Jedes Mitgliedsland entsendet eine Richterin, einen Richter, wobei in der Regel in Kammern bestehend aus 7 RichterInnen entschieden wird. Mit der Individualbeschwerde kann direkt gegen den jeweiligen Staat aufgrund von Menschenrechtsverletzungen vorgegangen werden. Einzelperson und belangter Staat stehen dabei einander gleichberechtigt gegenüber. Der verletzten Einzelperson kann dann auch Schadenersatz zugesprochen werden und die Entscheidungen des EGMR sind auch rechtlich verbindlich und die Gerichtsbarkeit obligatorisch. **Staatenbeschwerden**, die auch möglich sind, sind in der Praxis relativ selten, während Individualbeschwerden so zahlreich sind, dass die Dauer der Verfahren teilweise sehr lange ist.

99

Weitere regionale Menschenrechtsverträge:
- Europäische Folterkonvention 1987:
  - Folterprävention wichtig, Besuchsrecht des Folterkomitees, Aufstellen von Standards
- Amerikanische Konvention für Menschenrechte 1969:
  - Überprüfung durch Inter-Amerikanische Kommission für Menschenrechte (Washington/USA), Inter-Amerikanischen Gerichtshof für Menschenrechte (San José/Costa Rica)
- Afrikanische Charta der Menschenrechte und der Rechte der Völker (Banjul-Charta, 1981):
  - Überprüfung durch Afrikanische Kommission der MR und Rechte der Völker (Banjul/Gambia), Afrikanischen Gerichtshof für MR und Rechte der Völker (seit 2004 in Arusha/Tansania)

Bedeutende Rechtsquellen im Bereich Menschenrechte

- Internationaler Pakt über Wirtschaftliche, Soziale und Kulturelle Rechte vom 16. Dezember 1966
- Internationaler Pakt über Bürgerliche und Politische Rechte vom 16. Dezember 1966
- Internationale Übereinkommen zur Beseitigung jeder Form von Rassendiskriminierung vom 7. März 1966
- Übereinkommen zur Beseitigung jeder Form von Diskriminierung der Frau vom 18. Dezember 1979
- UN-Antifolterkonvention vom 10. Dezember 1984
- UN-Kinderrechtskonvention vom 20. November 1989
- Internationale Konvention zum Schutz der Rechte aller Wanderarbeitnehmer und ihrer Familienangehörigen vom 18. Dezember 1990
- Übereinkommen über die Rechte von Menschen mit Behinderungen vom 13. Dezember 2006
- Internationales Übereinkommen zum Schutz aller Personen vor dem Verschwindenlassen vom 20. Dezember 2006
- Europäische Menschenrechtskonvention (EMRK) vom 4. November 1950
- Europäische Sozialcharta vom 18. Oktober 1961 mit dem Protokoll zur Änderung der Europäischen Sozialcharta vom 21. Oktober 1991
- Charta der Grundrechte der Europäischen Union vom 7. Dezember 2000
- Europäische Rahmenübereinkommen zum Schutz nationaler Minderheiten vom 1. Februar 1995
- Amerikanische Menschenrechtskonvention (AMRK) vom 22. November 1969
- Afrikanische Charta der Menschenrechte und der Rechte der Völker vom 21. Oktober 1986
- Arabische Charta der Menschenrechte vom 15. März 2008

5. Kapitel Internationales Handelsrecht

I. Allgemeines

Durch die Globalisierung der Wirtschaft sowie den europäischen Integrationsprozess hat das internationale Handelsrecht eine beachtliche Weiterentwicklung erfahren. Dies soll anhand der zentralen Internationalen Organisation des Welthandels, der Welthandelsorganisation (WTO) deutlich gemacht werden. **100**

1. Ziel des internationalen Handelsrechts. Das internationale Handelsrecht hat primär den Zweck, Handelshemmnisse zu reduzieren bzw. ganz zu beseitigen, folgt also einer Liberalisierungslogik. Die klassischen Handelshemmnisse sind tarifärer (also insbes. Zölle und zollgleiche Abgaben) und nicht-tarifärer Art (mengenmäßige Beschränkungen, also Quoten und Maßnahmen gleicher Wirkung). Je nach der Intensität des wirtschaftlichen Zusammenschlusses zwischen zwei oder mehreren Staaten bzw. Staatenverbindungen gibt es bilaterale (klassische Handelsverträge) regionale oder internationale Handelsabkommen. **101**

Zentral für das Welthandelsrecht – insbesondere als Grundpfeiler für die Weltwirtschaftsordnung – ist die WTO und insbesondere deren Regelungen zum Warenhandel und zur Streitbeilegung. Da seit Beginn dieses Jahrhunderts weltweit kaum handels- und abgabenrechtliche Fortschritte auf der multilateralen WTO-Ebene erzielt werden konnten, wurde wieder zum Bilateralismus in der Form von modernen Freihandelsabkommen, wie das CETA-Abkommen 2016 zeigt, zurückgegriffen. Dennoch hat das WTO-Recht fundamentale Bedeutung für den internationalen Wirtschaftsverkehr. **102**

Das gesamte Welthandelsrecht der WTO hier darzustellen würde den Rahmen dieses Bandes sprengen. Im Folgenden wird daher nur auf das zentrale materielle Recht des Warenhandels – dem GATT 1994 – eingegangen. Hingewiesen wird auf die jeweiligen speziellen Abkommen, die im Recht der WTO zusammengefasst sind. Zu diesen zählen Vorschriften betreffend Anti-Dumping, Subventionen oder Schutzmaßnahmen. Auch die WTO als Internationale Organisation, die den institutionellen Rahmen für die Wirtschaftsbeziehungen seiner Mitgliedstaaten bietet, wird hier nicht näher behandelt (📖 → WTO-Ab- **103** kommen). Das Abkommen zum geistigen Eigentum (TRIPS) wird in einem gesonderten Abschnitt (Rn. 157 ff.) behandelt.

104 2. GATT 1994. Das **Allgemeine Zoll- und Handelsabkommen (GATT)** von 1994 legt die grundlegenden Regeln für den Warenhandel fest. Erstens enthält es das grundlegende **Prinzip der Nichtdiskriminierung** (Meistbegünstigungsprinzip und Grundsatz der Inländerbehandlung). Zweitens bildet es den rechtlichen Rahmen für den Abbau von Zöllen und anderen Handelshemmnissen für den Warenhandel. Schließlich enthält das GATT 1994 auch allgemeine Ausnahmen, die restriktive Maßnahmen aus aufgezählten Gründen des öffentlichen Interesses wie der öffentlichen Moral oder der öffentlichen Gesundheit zulassen; spezifische Ausnahmen sind in der Schutzklausel und der Ermächtigungsklausel enthalten.

105 In den folgenden Abschnitten werden nacheinander die Regeln für den internationalen Warenverkehr behandelt. Die anderen WTO-Übereinkommen, wie das Übereinkommen über die Anwendung gesundheitspolizeilicher und pflanzenschutzrechtlicher Maßnahmen (SPS-Übereinkommen) und das Übereinkommen über technische Handelshemmnisse (TBT-Übereinkommen), ergänzen die GATT-Regeln und werden hier nur erwähnt. Neben dem GATT enthält das WTO-Recht als zweite Säule auch Vorschriften zu Dienstleistungen im GATS (General Agreement on Trade in Services) und als dritte Säule das TRIPS (Schutz des geistigen Eigentums).

106 a) Meistbegünstigungsklausel. – aa) Grundsätze der Meistbegünstigung. Art. I:1 GATT sieht vor, dass Staaten grundsätzlich nicht zwischen ihren Handelspartnern (direkt oder indirekt also de facto oder de jure) diskriminieren dürfen. Mit anderen Worten: Wenn ein WTO-Mitglied jemandem einen besonderen Vorteil gewährt (z. B. niedrigere Zölle), muss dieser besondere Vorteil auch allen anderen WTO-Mitgliedern gewährt werden.

107 Beispiel:
WTO-Mitglied M erhebt einen Zoll in Höhe von 20 % auf Laptops von WTO-Mitglied N, aber einen Zoll in Höhe von 30 % von WTO-Mitglied F. Meistbegünstigung bedeutet, dass M allen anderen WTO-Mitgliedern, einschließlich F, die „besondere Vergünstigung" des niedrigeren 20 % Zolls gewähren muss.

Eine sorgfältige Lektüre von Art. I:1 zeigt, dass vier Elemente erfüllt sein müssen, um mit der **Meistbegünstigungsverpflichtung** in Einklang zu stehen. Nach diesem Vier-Stufen-Test sind folgende Elemente zu berücksichtigen:
- ob es sich bei der fraglichen Maßnahme um eine Maßnahme handelt, die unter Art. I:1 fällt;
- ob diese Maßnahme einen „Vorteil" gewährt;
- ob es sich bei den betreffenden Waren um „gleichartige Waren" handelt;
- ob der fragliche Vorteil „sofort und bedingungslos" für alle gleichartigen Erzeugnisse unabhängig von ihrer Herkunft oder Bestimmung gewährt wird.

108

> **Beispiel:**
> In der Rechtssache *Canada-Autos* hatte Kanada eine Einfuhrzollbefreiung für Kraftfahrzeuge mit Ursprung in einigen Ländern eingeführt, in denen Tochtergesellschaften bestimmter benannter Hersteller ansässig waren. Das Berufungsgremium stellte fest, dass dies mit Art. I:1 unvereinbar war.

109

bb) Begriff der „gleichartigen Waren". Artikel I:1 betrifft jedes Erzeugnis, das seinen Ursprung in einem anderen Land hat oder für ein anderes Land bestimmt ist, und schreibt vor, dass eine für solche Erzeugnisse gewährte Vergünstigung auch „gleichartigen Waren" mit Ursprung in oder Bestimmung für die Gebiete aller anderen Mitglieder gewährt wird. Die „Gleichartigkeit" wird anhand von Kriterien wie den Folgenden beurteilt:
- physische Merkmale,
- Endverwendungszweck,
- Geschmack und Gewohnheiten der Verbraucher und
- die Zollregelungen der anderen WTO-Mitglieder.

110

> **Beispiel:**
> WTO-Mitglied S erhebt keine Zölle auf bestimmte Arten von ungeröstetem Kaffee („Colombian mild" und „other mild"), aber einen Zollsatz von 7 % auf andere Arten von ungeröstetem Kaffee („unwashed Arabica", „Robusta" und „other"). Handelt es sich um „gleichartige Waren"? Ja, auf der Grundlage der oben genannten Kriterien sind die physischen Eigenschaften ähnlich, wenn nicht sogar identisch; ihre Endverwendung ist ebenfalls identisch (Trinken) und in der Tat gibt es keine vergleichbaren Zollregelung in anderen Staaten, die zwischen diesen Arten von geröstetem Kaffee unterscheidet.
> 📚 → Spain_Unroasted Coffee 1981

111

5. Kapitel Internationales Handelsrecht

112 cc) **Ausnahmen: Zollunionen und Freihandelszonen** (Art. XXIV Abs. 4–12 GATT). Zollunionen und Freihandelszonen sind von der Anwendung der Meistbegünstigung ausgenommen, Art. XXIV des GATT enthält die Definitionen der Begriffe „Zollunion" und „Freihandelszonen".

113 Das Hauptkriterium für die Anwendung dieser Ausnahme für **präferenzielle Handelsabkommen** ist, dass sie „im Wesentlichen den gesamten Handel zwischen den konstituierenden Gebieten" liberalisieren. Prominente Beispiele sind die EFTA und die NAFTA. Heute gibt es weltweit mehr als 200 solcher präferenziellen Handelsabkommen.

114 dd) **Sonderfall EU.** Die EU ist einerseits eine Zollunion (Art. 28 AEUV), die zusätzlich mit dem **Binnenmarkt** („Der Binnenmarkt umfasst einen Raum ohne Binnengrenzen, in dem der freie Verkehr von Waren, Personen, Dienstleistungen und Kapital gemäß den Bestimmungen der Verträge gewährleistet ist."; Art. 26 AEUV) eine im Vergleich zu Freihandelszonen äußerst hohe wirtschaftliche Integrationsstufe darstellt.

115 ee) **Präferenzen für Entwicklungsländer.** Die so genannte **Ermächtigungsklausel (engl. enabling clause)** sieht eine Vorzugsbehandlung für Entwicklungsländer vor, die diese vom Grundsatz der Meistbegünstigung für Waren mit Ursprung in sogenannten Entwicklungsländern befreit. In der Praxis bieten die Industrieländer eine nicht auf Gegenseitigkeit beruhende Vorzugsbehandlung an, z. B. niedrige oder keine Zölle auf die Einfuhr. „Entwicklungsländer" sind „diejenigen Vertragsparteien, deren Volkswirtschaften nur einen niedrigen Lebensstandard aufweisen und sich in einem frühen Entwicklungsstadium befinden" (Art. XVIII:1 GATT). Diese Klassifizierung ist in der Praxis eine Selbsteinschätzung.

116 b) **Inländerbehandlung.** Die **Inländerbehandlung** verbietet die diskriminierende Behandlung von eingeführten Waren gegenüber inländischen Waren. Das GATT enthält verschiedene Verpflichtungen in Bezug auf (1) die Inländerbehandlung bei der Besteuerung gleichartiger Waren und unmittelbar konkurrierender oder substituierbarer Waren und (2) die Inländerbehandlung bei der internen Regulierung sowie (3) die Verpflichtung zur Inländerbehandlung bei besonderen Maßnahmen wie Anforderungen an den lokalen Inhalt, das öffentliche Beschaffungswesen, Subventionen für inländische Hersteller, interne Höchstpreiskontrollmaßnahmen und Filmquoten.

I. Allgemeines

Der wichtigste Grundsatz der Inländerbehandlung ist in Art. III Abs. 1 niedergelegt und wird in den folgenden Abschnitten näher erläutert. Die Inländerbehandlung verbietet sowohl *de jure* als auch *de facto* Diskriminierung.   **117**

> **Beispiele:**   **118**
> - Eine de-jure-Diskriminierung wurde in der Sache *Korea - Various Measures on Beef (2001)* festgestellt, in der importiertes Rindfleisch nur in bestimmten Fachgeschäften oder in separaten Abteilungen von Supermärkten verkauft werden durfte.
> - Eine de-facto-Diskriminierung wurde in der Rechtssache *Japan – Alcoholic Beverages II (1996)* festgestellt, in der ein Gesetz höhere Steuern auf Whisky, Branntwein und Wodka als auf Shochu (unabhängig davon, ob es sich um einheimische oder importierte Erzeugnisse handelte) vorsah, sodass de jure keine Diskriminierung vorlag, weil die Steuer nicht nur für importierte Waren galt, sondern für alle gleich. De facto aber wurden ausländische Waren diskriminiert, weil Shochu ein japanisches Erzeugnis war und die anderen Getränke im Allgemeinen importiert werden.

Zu beachten ist, dass die Inländerbehandlung nur für interne Maßnahmen gilt, d. h. sobald ein Produkt auf den Markt gelangt ist. Die Erhebung von Zöllen auf eine Einfuhr ist kein Verstoß gegen die Inländerbehandlung, auch wenn auf im Inland hergestellte Produkte keine entsprechende Abgabe erhoben wird.   **119**

aa) Inländerbehandlung bei der internen Besteuerung. Art. III:2 sieht die Inländerbehandlung (für „gleichartige" Waren) bezüglich Steuern und andere Abgaben auf importierte Waren vor. Der Begriff der „Gleichartigkeit" ist eher eng zu verstehen, um ihn von unmittelbar konkurrierenden oder substituierbaren Waren zu unterscheiden.   **120**

bb) Gleichartige Waren. In der Rechtsprechung wurden vier Kriterien festgelegt, anhand derer im Einzelfall festgestellt werden kann, ob eine eingeführte Ware einer inländischen Ware „gleichartig" ist: **121**
- die Eigenschaften, die Beschaffenheit und die Qualität der Produkte (d. h. die physischen Merkmale),
- ihre Endverwendungen auf einem bestimmten Markt,
- Geschmack und Gewohnheiten der Verbraucher,
- zolltarifliche Einordnung der Erzeugnisse nach dem internationalen Standard für Zollklassifizierung.

122 Beispiele:
- In *Japan – Alcoholic Beverages II (1996)* wurden Shochu und Wodka als gleichartige Produkte eingestuft.
- In *Korea – Alcoholic Beverages (1999)* wurden Soju und Wodka *nicht als* gleichartige Produkte eingestuft, sondern als direkt konkurrierend oder substituierbar.
- In *Mexico – Taxes on Soft Drinks (2006)* wurden mit Rohrzucker gesüßte Erfrischungsgetränke als gleichartige Waren eingestuft, ebenso wie solche, die mit Rübenzucker oder Maissirup mit hohem Fruchtzuckergehalt gesüßt sind.
- Auf *Philippines – Distilled Spirits (2012)* wurden aus Zuckerrohr hergestellte destillierte Spirituosen und aus anderen Rohstoffen hergestellte Spirituosen derselben Art als gleichartige Waren eingestuft.

123 cc) **Unmittelbar konkurrierend oder substituierbar.** Um festzustellen, ob eine Maßnahme mit Art. III:2 Satz 2 unvereinbar ist, sind drei Elemente zu berücksichtigen:
- ob es sich bei den eingeführten Erzeugnissen und den inländischen Erzeugnissen um „unmittelbar konkurrierende oder substituierbare Erzeugnisse" handelt, die miteinander im Wettbewerb stehen,
- ob sie „nicht in ähnlicher Weise besteuert" werden,
- ob die unterschiedliche Besteuerung so angewandt wird, dass die inländische Produktion geschützt wird.

124 Beispiele:
- In der Rechtssache *Japan – Alcoholic Beverages II (1996)* stellte das Berufungsgremium fest, dass Wodka im Vergleich zum japanischen Shochu eine „gleichartige Ware" ist, Whiskey, Brandy und andere destillierte Liköre jedoch konkurrierende Waren im Sinne des zweiten Satzes sind.
- In *Chile – Alcoholic Beverages (2000)* wurde der im Inland hergestellte „Pisco" als direkt wettbewerbsfähig oder substituierbar mit importierten Spirituosen wie Whisky, Brandy und Cognac angesehen.
- In *Mexico – Taxes on Soft Drinks (2006)* wurden heimischer Rohrzucker und importierter Maissirup mit hohem Fruktosegehalt als „unmittelbar konkurrierende oder substituierbare Produkte" betrachtet.

125 dd) **Art. III:4 des GATT, interne Regelung.** Die Verpflichtung zur Inländerbehandlung gilt nicht nur für die interne Besteuerung, sondern auch für die staatlichen Regularien hinsichtlich aller Gesetze, Verordnungen und Erfordernisse,

I. Allgemeines

die den Verkauf, das Anbieten, den Kauf, die Beförderung, den Vertrieb oder die Verwendung im Inland betreffen.

c) Zollschranken und nicht-tarifäre Handelshemmnisse. Ziel des GATT ist die Liberalisierung des internationalen Handels durch die schrittweise Beseitigung von Handelshemmnissen und anderen protektionistischen Eingriffen in den Wettbewerb auf nationalen und internationalen Märkten. **126**

In den folgenden Abschnitten werden zunächst die tarifären Hemmnisse und dann die nichttarifären Hemmnisse erörtert. **127**

aa) Tarifäre Hemmnisse: Einfuhrzölle. Grundsätzlich verbietet das WTO-Recht nicht die Erhebung von Zöllen auf importierte Waren. Es besteht jedoch eine Verpflichtung gem. Art. XXVII des GATT, über die Senkung von Zöllen zu verhandeln. Die WTO bietet das Forum für Verhandlungen über eine allgemeine Senkung der Zölle. Aufgrund der **Meistbegünstigungsverpflichtung** können die WTO-Mitglieder keine unterschiedlichen Zollsätze auf „gleichartige" Waren mit Ursprung in verschiedenen WTO-Mitgliedern erheben, unabhängig davon, ob sie ihre Zölle gebunden haben oder nicht. **128**

In den bisher acht GATT-Verhandlungsrunden ist es gelungen, die Zölle von durchschnittlich 40 % auf Industrieerzeugnisse auf etwa 3,8 % in den Industrieländern zu senken. **129**

bb) Nicht-tarifäre Handelshemmnisse: Mengenmäßige Beschränkungen des Warenverkehrs. Grundsätzlich sind mengenmäßige Einfuhr- und Ausfuhrbeschränkungen **(quantitative restrictions)** gemäß Art. XI.1 des GATT verboten. Davon erfasst sind nicht nur *de jure*, sondern auch *de facto* mengenmäßige Beschränkungen, d. h. auch Maßnahmen, die die gleiche Wirkung haben. **130**

> **Beispiele:** **131**
> - In *China – Raw Materials (2012)* waren u. a. Mindestausfuhrpreisanforderung und andere Maßnahmen für Exporteure von Bauxit, Koks, Flussspat, Magnesium, Siliziumkarbid, gelbem Phosphor und Zink eine mengenmäßige Beschränkung der Ausfuhren.
> - In der Rechtssache *Argentina – Hides and Leather (2001)* stellte die Anwesenheit von Vertretern inländischer Gerber bei der Zollkontrolle von Häuten und Leder, die ausgeführt werden sollten, keine mengenmäßige Beschränkung dar.

132 **cc) Ausnahmen.** Es gibt jedoch eine Reihe von Ausnahmen, die solche Maßnahmen rechtfertigen können, wie z. B. zum Schutze der Zahlungsbilanz, Umweltschutz oder der Schutz der öffentlichen Gesundheit.

133 **dd) Sonstige nicht-tarifäre Hemmnisse im Warenverkehr.** Weitere nicht-tarifäre Hemmnisse sind die mangelnde Transparenz von Handelsvorschriften, die unfaire und willkürliche Anwendung von Handelsvorschriften, Zollformalitäten, technische Handelshemmnisse, gesundheitspolizeiliche und pflanzenschutzrechtliche Maßnahmen sowie staatliche Beschaffungspraktiken. Aus diesem Grund sind die WTO-Mitglieder nach Art. X verpflichtet, diese Informationen unverzüglich und in einer Weise zu veröffentlichen, die es Regierungen und Händlern ermöglichen, sich mit ihnen vertraut zu machen.

134 Und da jede ungerechte und willkürliche Anwendung von Handelsmaßnahmen (**Zollformalitäten**) auch ein Handelshemmnis darstellt, sieht Art. X:3 des GATT die Forderung nach einer einheitlichen, unparteiischen und angemessenen Vollziehung der nationalen Handelsmaßnahmen und nach Verfahren zur objektiven und unparteiischen Überprüfung der Vollziehung der nationalen Zollvorschriften vor.

135 In Bezug auf technische Handelshemmnisse, gesundheitspolizeiliche und pflanzenschutzrechtliche Maßnahmen und das öffentliche Beschaffungswesen wurden spezifische Abkommen zu diesen Themen geschlossen. Diese werden hier nicht behandelt.

136 **d) Allgemeine Ausnahmen (Art. XX des GATT).** Grundsätzlich GATT-widrige staatliche Maßnahmen können unter Umständen gerechtfertigt sein. Zentral sind hierfür die allgemeinen Ausnahmen des Art. XX GATT.

137 Vorbehaltlich der Voraussetzung, dass diese Maßnahmen nicht in einer Weise angewandt werden, die ein Mittel zur willkürlichen oder ungerechtfertigten Diskriminierung zwischen Ländern, in denen die gleichen Bedingungen herrschen, oder eine verschleierte Beschränkung des internationalen Handels darstellen würde, ist keine Bestimmung dieses Abkommens so auszulegen, dass sie die Annahme oder Durchsetzung von Maßnahmen durch eine Vertragspartei verhindert, wenn diese u. a.:
a) zum Schutz der öffentlichen Sittlichkeit erforderlich sind;
b) zum Schutz des Lebens oder der Gesundheit von Menschen, Tieren oder Pflanzen erforderlich sind;
c) (bezieht sich auf Gold und Silber);

I. Allgemeines

d) erforderlich sind, um die Einhaltung von Gesetzen oder sonstigen Vorschriften zu gewährleisten, die mit den Bestimmungen dieses Abkommens nicht unvereinbar sind, einschließlich derjenigen, die sich auf die Durchsetzung von Zollvorschriften, die Durchsetzung von Monopolen nach Artikel II Absatz 4 und Artikel XVII, den Schutz von Patenten, Warenzeichen und Urheberrechten sowie die Verhinderung irreführender Praktiken beziehen;
e) (betrifft Gefängnisarbeit);
f) (betrifft nationales Kulturgut);
g) die sich auf die Erhaltung erschöpflicher natürlicher Ressourcen beziehen, wenn diese Maßnahmen in Verbindung mit Beschränkungen der inländischen Erzeugung oder des inländischen Verbrauchs wirksam werden.

138 Die Ausnahmen des Art. XX sind nur dann relevant, wenn es darum geht, eine ansonsten GATT-widrige Maßnahme zu rechtfertigen.

139 Wie das Berufungsgremium in der Rechtssache *US-Gasoline* festgestellt hat, erfordert Art. XX eine zweistufige Prüfung: Erstens muss die fragliche Maßnahme unter eine der besonderen Ausnahmen (a)–(j) fallen; zweitens muss sie auch die Anforderungen der **Einleitungsklausel** von Art. XX (den so genannten „chapeau") erfüllen. Dieser besagt, dass, wenn eine handelsbeschränkende Maßnahme ergriffen wird, kann sie nur dann gerechtfertigt werden, wenn sie nicht diskriminierend ist, nicht missbräuchlich oder willkürlich angewendet wird oder unverhältnismäßig ist.

140
> **Beispiel:**
> In der Rechtssache *US – Shrimp* ging es um das Verbot der USA, Garnelen aus Ländern einzuführen, die nicht über ein Schildkrötenschutzprogramm für den Garnelenfang verfügen, das mit dem der USA vergleichbar ist. In Bezug auf die spezifische Ausnahme befand das Berufungsgremium, dass die Maßnahme unter die Ausnahme von Art. XX Buchstabe g) (Ausnahme für die Erhaltung erschöpflicher natürlicher Ressourcen) fällt, da sie auf den Schutz von Meeresschildkröten abzielt, die eine gefährdete Art darstellen. Die Maßnahme entspreche jedoch nicht den Anforderungen des chapeaus, da sie auf bestimmte asiatische Länder anders abziele als auf andere westliche Handelspartner. In dieser Hinsicht hatten die USA die Maßnahme in ungerechtfertigter und willkürlicher Weise diskriminierend angewandt.

141 Andere Ausnahmen betreffen u. a. Sicherheitsausnahmen (Art. XXI des GATT), Schutzmaßnahmen (Art. XIX) bzw. mittels „waiver clause" des Art. XXV:5 GATT.

II. Streitbeilegungssystem WTO

142 1. **Überblick.** Die Beilegung von Streitigkeiten ist eine der zentralen Aufgaben der WTO. Zum einen zielt sie naturgemäß auf die Beilegung von Streitigkeiten zwischen WTO-Mitgliedern in einem juristischen Verfahren unter Berücksichtigung der politischen Elemente der Streitbeilegung ab. Zweitens dient die Streitbeilegung der Durchsetzung der gegenseitigen Rechte und Pflichten der WTO-Mitglieder und damit auch der effektiven Umsetzung des WTO-Rechts. Drittens dient die Streitbeilegung der Klärung von Rechtsnormen (Art. 3 Abs. 2 DSU [Dispute Settlement Understanding]).

143 Institutionell ist das **Streitbeilegungsgremium (Dispute Settlement Body, DSB)** das oberste Organ zur Beilegung von Streitigkeiten im Rahmen der WTO. Es ist befugt, sog. Panels einzusetzen, Berichte der Panels und des Berufungsgremiums anzunehmen, die Umsetzung von Entscheidungen und Empfehlungen zu überwachen und die Aussetzung von Zugeständnissen und anderen Verpflichtungen im Rahmen der betreffenden Abkommen zu genehmigen (Art. 2 DSU).

144 Das Streitbeilegungsgremium setzt sich aus allen WTO-Mitgliedern zusammen (es tagt unter dem Dach des Allgemeinen Rates der WTO). Die WTO-Mitglieder werden in der Regel von Botschaftern oder anderen qualifizierten Personen im DSB vertreten.

145 Der zentrale Rechtstext, der die Streitbeilegung in der WTO regelt, ist die Streitbeilegungsvereinbarung (DSU).

II. Streitbeilegungssystem WTO

Wie lange dauert die Beilegung eines Streitfalls?
Diese ungefähren Fristen für die einzelnen Phasen eines Streitbeilegungsverfahrens sind Richtwerte. Darüber hinaus können die Länder ihren Streit in jeder Phase selbst beilegen. Auch die Gesamtzahlen sind ungefähre Angaben.

60 Tage	Konsultationen, Mediation usw.
45 Tage	Einsetzung des Panels und Ernennung der Panelisten
6 Monate	Abschlussbericht des Panels an die Parteien
3 Woche	Abschlussbericht des Panels an die WTO-Mitglieder
60 Tage	Das Streitbeilegungsgremium nimmt den Bericht an (wenn keine Berufung eingelegt wird).
Gesamt = 1 Jahr	(ohne Berufung)
60 – 90 Tage	Bericht über die Einsprüche
30 Tage	Das Streitbeilegungsgremium nimmt den Bericht über die Einsprüche an.
Gesamt = 1 Jahr 3 Monate	(mit Berufung)

Abb. 4: Dauer der Beilegung eines Streitfalls

2. Zuständigkeit. Die Zuständigkeit des **WTO-Streitbeilegungsgremiums** ist obligatorisch, ausschließlich und streitig. **146**

Sie ist obligatorisch, weil es im Gegensatz zu anderen Streitbeilegungsmechanismen im internationalen Recht keiner gesonderten Anerkennung ihrer Zuständigkeit durch die WTO-Mitgliedstaaten bedarf. Art. 6(1) DSU besagt: „Auf Antrag der Beschwerdeführenden Partei wird spätestens in der Sitzung des Streitbeilegungsgremiums, die auf die Sitzung folgt, in der der Antrag erstmals auf der Tagesordnung des Streitbeilegungsgremiums steht, ein Panel eingesetzt, es sei denn, das Streitbeilegungsgremium beschließt in dieser Sitzung einvernehmlich, kein Panel einzusetzen." **147**

Es handelt sich um ein ausschließliches Verfahren, da Art. 23 Abs. 1 DSU ein beschwerdeführendes WTO-Mitglied dazu verpflichtet, eine Streitigkeit nur im Einklang mit der Streitbeilegungsvereinbarung einzuleiten. Andere internationale Gremien oder einseitige Feststellungen, dass ein Verstoß vorliegt, sind verboten (Art. 23 Abs. 2 lit. a DSU). **148**

Es ist strittig, weil es nur über strittige Fälle entscheidet und keine Gutachten zu Rechtsfragen erstellt. **149**

Das DSU deckt alle Streitigkeiten ab, die sich aus dem WTO-Recht ergeben (einschließlich des GATT und aller anderen multilateralen Übereinkommen **150** über den Warenhandel, GATS, TRIPS und des plurilateralen Übereinkommens über das öffentliche Beschaffungswesen). Dies bedeutet, dass das DSU ein einziges integriertes Streitbeilegungssystem darstellt.

151 Die WTO-Streitbeilegung ist ein Streitbeilegungssystem zwischen den Mitgliedern. Nur WTO-Mitglieder, nicht aber Einzelpersonen (im Gegensatz zum Investor-Staat-Streitbeilegungsverfahren, das in den meisten bilateralen Investitionsabkommen [BITs] vorgesehen ist), können ein Verfahren einleiten.

152 Auf der erstinstanzlichen Ebene führen die so genannten Panels die eigentliche Rechtsprechung durch. Diese **Panels** sind keine ständigen Gremien, sondern werden ad hoc für die Beilegung einer bestimmten Streitigkeit eingesetzt (ähnlich wie Schiedsgerichte). Die Entscheidungen des Panels kann vor dem Berufungsgremium angefochten werden.

153 Das **Berufungsgremium** (Appellate Body, AB) ist ein ständiges Gremium, das sich aus sieben Personen zusammensetzt, die nachweislich über Fachwissen in den Bereichen Recht, internationaler Handel und WTO-Übereinkommen verfügen. Diese Richter (Mitglieder genannt) haben eine einmalig verlängerbare Amtszeit von vier Jahren und werden vom DSB ernannt. Im Gegensatz zu den Panels dürfen die Mitglieder des Schiedsgerichts keiner Regierung angehören, was auch bedeutet, dass die Nationalität der Mitglieder des Schiedsgerichts keine Rolle spielt. In der Praxis setzt sich das Berufungsgremium immer aus je einem Mitglied aus der EU, einem aus den USA und drei oder vier Mitglieder aus sogenannten Entwicklungsländern. Es sind immer nur drei Mitglieder für einen Fall zuständig. Die drei Mitglieder, die für die Entscheidung und Überprüfung eines Falles ausgewählt werden, werden als „Division" bezeichnet. Diese Abteilungen werden nach dem Zufallsprinzip ausgewählt.

154 Um eine einheitliche und kohärente Rechtsprechung zu gewährleisten, tauscht sich die Abteilung mit den anderen Mitgliedern des Berufungsgremiums über die in der Berufung aufgeworfenen Fragen aus.

Oft werden die Fälle beigelegt. Es wird eine Verhandlungslösung erzielt, oft sogar „auf den Stufen des Gerichtsgebäudes". Kommt es zu einer Entscheidung, wird überwiegend eine Verletzung festgestellt.

155 Für die Durchsetzung der Entscheidungen können vom DSB Gegenmaßnahmen autorisiert werden, um den verletzenden Staat zur Einstellung der Verletzung zu bewegen. Es wird aber anders als im Investitionsschutzrecht grundsätzlich keine Entschädigung zugesprochen.

III. Schutz des geistigen Eigentums

1. Allgemeines. Auch der Schutz des geistigen Eigentums hat eine völkerrechtliche Dimension und bezieht sich auf solche Regelwerke, die die Schaffung, den Schutz und die Nutzung von **geistigem Eigentum** (engl. IP) international regeln. Die Notwendigkeit internationaler Regelungen ergab sich aus den unterschiedlichen nationalen Rechtsvorschriften für geistiges Eigentum bzw. insbesondere aus dem (aus Sicht der Industriestaaten) schwachen Schutz geistigen Eigentums in sogenannten Entwicklungsländern (so kannte Indien beispielsweise lange keinen Patentschutz). Zentral für den bestehenden Rechtsrahmen im Bereich des **Immaterialgüterrechts** sind die jeweiligen einschlägigen Verträge, aber auch die 1967 gegründete Weltorganisation für geistiges Eigentum (WIPO). Die **WIPO** verwaltet 26 internationale Verträge, die eine Vielzahl von Fragen des geistigen Eigentums betreffen.

156

2. TRIPS. – a) Allgemeines. Das bisher umfassendste Vertragswerk zum Schutz von Immaterialgüterrechten in diesem Zusammenhang ist das Übereinkommen über handelsbezogene Aspekte der geistigen Eigentumsrechte (engl. Agreement on Trade-Related Aspects of Intellectual Property Rights, TRIPS). **TRIPS** ist integraler Bestandteil des WTO-Übereinkommens und ist für jedes WTO-Mitglied ab dem Zeitpunkt verbindlich, zu dem das WTO-Übereinkommen für das jeweilige Mitglied in Kraft tritt. Der WTO und damit auch dem TRIPS-Übereinkommen gehören derzeit 164 Mitgliedstaaten an.

157

Das TRIPS-Übereinkommen legt Mindeststandards für den Schutz und die Durchsetzung von Rechten des geistigen Eigentums fest, die die WTO-Mitglieder den Staatsangehörigen (natürliche wie auch juristische Personen) anderer WTO-Mitglieder gewähren und auf sie anwenden müssen. Es umfasst folgende Bereiche des geistigen Eigentums: Urheberrecht, Marken, geografische Angaben, gewerbliche Muster und Modelle, Patente, Layout-Designs integrierter Schaltkreise und Geschäftsgeheimnisse.

158

Das TRIPS-Übereinkommen legt fest, wann Rechte des geistigen Eigentums schutzfähig sind, welchen Umfang die Staaten gewähren müssen, welche Ausnahmen von diesen Rechten zulässig sind (z. B. die Erteilung von **Zwangslizenzen**, wenn die öffentliche Gesundheit betroffen ist, Art. 31 TRIPS) und gegebenenfalls die Dauer des Schutzes (z. B. sind Patente gemäß Art. 33 TRIPS mindestens 20 Jahre lang geschützt). Das TRIPS-Übereinkommen verpflichtet die Mitgliedstaaten zu einem starken Schutz der Rechte des geistigen Eigen-

159

tums. Danach ist beispielsweise das Urheberrecht mindestens 50 Jahre lang geschützt (Art. 12 TRIPS); die Inhaber einer eingetragenen Marke haben das ausschließliche Recht, die Marke zu benutzen (Art. 16 TRIPS); die Erstregistrierung einer Marke muss für eine Dauer von mindestens sieben Jahren erfolgen und die Marke muss unbegrenzt verlängerbar sein (Art. 18 TRIPS); Patente müssen für „Erfindungen" auf allen „Gebieten der Technik" erteilt werden (Art. 27.1 TRIPS), obwohl Ausnahmen für bestimmte öffentliche Interessen zulässig sind (Art. 27.2 und 27.3 TRIPS) und müssen für mindestens 20 Jahre durchsetzbar sein (Art. 33 TRIPS); Layout-Muster müssen mindestens zehn Jahre lang geschützt werden (Art. 38 TRIPS).

160 **b) Materielle Verpflichtungen.** Darüber hinaus verlangt das TRIPS-Übereinkommen die Einhaltung der materiellen IP-Verpflichtungen der wichtigsten IP-Übereinkommen, nämlich der **Pariser Verbandsübereinkunft zum Schutz des gewerblichen Eigentums** (Art. 2.1 TRIPS) und der **Berner Übereinkunft** zum Schutz von Werken der Literatur und Kunst (Art. 9.1 TRIPS, der jedoch den Bereich der moralischen Rechte ausschließt). Die Mitgliedstaaten können auch einen weitergehenden Schutz des geistigen Eigentums einführen, als im TRIPS-Übereinkommen vorgesehen ist, sofern dies nicht gegen die Grundsätze des TRIPS-Übereinkommens verstößt. Ein Grundsatz, der beachtet werden muss, ist der der Nichtdiskriminierung. Demnach dürfen Staatsangehörige eines WTO-Mitglieds nicht schlechter behandelt werden als Staatsangehörige anderer WTO-Mitglieder und Vorteile, die einem Staatsangehörigen eines WTO-Mitglieds gewährt werden, müssen unverzüglich auch den Staatsangehörigen aller anderen WTO-Mitglieder gewährt werden (**Inländerbehandlung**, Art. 3 und **Meistbegünstigung**, Art. 4 TRIPS).

161 **c) Durchsetzung.** Das TRIPS-Übereinkommen legt auch Durchsetzungsverfahren (z. B. Unterlassungsklagen, Art. 44), Rechtsmittel und andere Verfahrensgarantien fest, die es Rechteinhabern ermöglichen sollen, von einem effektiven Rechtschutz zu profitieren. Im Rahmen des allgemeinen WTO-Streitbeilegungsmechanismus können die Mitgliedstaaten (nicht aber die Rechteinhaber selbst) die Einhaltung des TRIPS-Übereinkommens von anderen Mitgliedern verlangen.

162 **aa) Kritik an TRIPS: Verhinderung des Zugangs zu „essential medicines".** Obwohl das TRIPS-Abkommen sein Ziel erreicht hat, einen starken Schutz des geistigen Eigentums zu gewährleisten, gibt es auch Kritik, weil es den **Zugang zu wichtigen Medikamenten** möglicherweise erschwert. Am deutlichsten wurde das Grundproblem internationaler Patentrechte im Rahmen der AIDS-

Krise in den 1980er Jahren. Sie offenbarte, dass ein zu hoher Patentschutz dringend notwendige Medikamente in Krisensituationen, insb. in Afrika, unerschwinglich machen und damit das Recht auf Gesundheit gefährden könnten. Der Patentschutz für Medikamente im Rahmen des TRIPS-Abkommens hat nach Meinung einiger Kritiker dazu geführt, dass die öffentlichen Gesundheitsprogramme in Afrika enorm hohe Kosten für Medikamente zu tragen hatten, was dazu führe, dass viele Menschen keinen Zugang zu notwendigen Medikamenten haben. Diese Kontroverse hat jedoch nicht zu einer Überarbeitung des TRIPS-Abkommens geführt. Stattdessen wurde im November 2001 eine Erklärung abgegeben, in der es heißt, dass das TRIPS-Abkommen die Länder nicht daran hindern sollte, mit Krisen im Bereich der öffentlichen Gesundheit umzugehen und **Zwangslizenzen** zuzulassen, also ein patentiertes Medizinprodukt ohne die Zustimmung des Patentinhabers herzustellen. Auf diese Weise können die Mitglieder Generika für den heimischen Markt (aber nicht für den Export) herstellen. Darüber hinaus erlaubt die Erklärung von Doha den Herstellerstaaten, in Notsituationen eine Zwangslizenz für die Herstellung von Arzneimitteln für den Export zu erteilen. In den Jahren 2007–2009 nutzte Kanada diese Ausnahmeregelung, um eine generische Version eines patentierten AIDS-Medikaments herzustellen und nach Ruanda zu exportieren, das nicht über die entsprechenden Produktionskapazitäten verfügte.

Allerdings ist die Durchsetzung dieser sogenannten **TRIPS-Flexibilitäten** rechtlich schwierig und aufwändig. Bislang haben sie nicht zu wesentlichen Verbesserungen bei der Preisgestaltung für unentbehrliche Arzneimittel geführt. **163**

bb) TRIPS-Ausnahme zur Bekämpfung des Coronavirus und faire Preisgestaltung bei Impfstoffen. Die Coronavirus-Pandemie hat die weltweite Debatte darüber neu entfacht, ob die im TRIPS-Übereinkommen verankerten Flexibilitätsregelungen ausreichen, um eine faire Preisgestaltung für lebenswichtige Arzneimittel zu gewährleisten. Indien und Südafrika haben zusammen mit zahlreichen Entwicklungsländern einen Vorschlag für eine vorübergehende Befreiung von einigen TRIPS-Verpflichtungen als Reaktion auf Covid-19 im Oktober 2020 vorgelegt (sog. **TRIPS-Waiver**). Diese Ausnahmeregelung würde es den Mitgliedern ermöglichen, im Zusammenhang mit Covid-19-Produkten und -Technologien von der Verpflichtung zur Erteilung oder Durchsetzung von Patenten oder anderen Verpflichtungen zum Schutz von Urheberrechten (Abschnitt 1), gewerbliche Muster und Modelle (Abschnitt 4) und den Schutz nicht offenbarter Informationen (Abschnitt 7) abzuweichen. Die Ausnahmeregelung soll für mindestens drei Jahre gelten und jährlich überprüft werden. **164**

5. Kapitel Internationales Handelsrecht

165 Dieser Vorschlag stieß auf geteilte Meinungen. Befürworter argumentieren, dass die TRIPS-Ausnahme Innovation und Wettbewerb ankurbeln könnte, indem sie den Austausch nicht offengelegter Informationen fördert, während Kritiker die Ausnahme als Präzedenzfall betrachten, der Unternehmen davon abhalten wird, in Zukunft in Innovationen zu investieren, insbesondere im Falle einer globalen Pandemie.

166 Bis Ende April 2021 unterstützten 60 WTO-Mitglieder den Vorschlag, darunter auch die USA. Damit eine solche Ausnahme gewährt werden kann, muss sie jedoch von drei Vierteln der WTO-Mitglieder gemäß Art. IX Abs. 3 des WTO-Abkommens angenommen werden.

Bedeutende Rechtsquellen des Internationalen Handelsrechts

- WTO-Abkommen vom 15. April 1994
- General Agreement on Tariffs and Trade (GATT) vom 30. Oktober 1947, http://www.wto.org/ (Stand: 31.1.2022)
- General Agreement on Trade in Services (GATS) 1995, https://www.wto.org/english/docs_e/legal_e/26-gats.pdf (Stand: 31.1.2022)
- Agreement on Trade-Related Aspects of Intellectual Property Rights; Accord sur les aspects des droits de propriété intellectuelle qui touchent au commerce, (TRIPS) 1995, http://www.wto.org/english/docs_e/legal_e/27-trips_01_e.htm (Stand : 31.1.2022)
- Europäische Freihandelsassoziation (EFTA) 4. Januar 1960, https://www.efta.int/ (Stand: 31.1.2022)
- North American Free Trade Agreement (NAFTA); French: Accord de libre-échange nord-américain (ALÉNA); Spanish: Tratado de Libre Comercio de América del Norte (TLCAN); http://wits.worldbank.org/GPTAD/PDF/archive/NAFTA.pdf (Stand: 31.1.2022)
- Asociación Latinoamericana de Integración, Associação Latino-Americana de Integração (ALADI); http://www.aladi.org/ (Stand: 31.1.2022)
- Mercado Común del Sur, Mercado Comum do Sul, http://www.mercosur.int/ (Stand: 31.1.2022)
- Association of Southeast Asian Nations, http://www.asean.org/ (Stand: 31.1.2022)
- ASEAN-China Free Trade Area (ACFTA), China-ASEAN Free Trade Area; http://www.asean-cn.org (Stand: 31.1.2022)
- Comprehensive and Progressive Agreement for Trans-Pacific Partnership (CPTPP)
- South Asian Free Trade Area (SAFTA); https://saarc-sec.org/index.php/resources/agreements-conventions/36-agreement-on-south-asian-free-trade-area-safta/file (Stand: 31.1.2022)
- Asia-Pacific Economic Cooperation; http://www.apec.org/ (Stand: 31.1.2022)
- Economic Community of West African States (ECOWAS)

6. Kapitel Völkerrechtliche Aspekte des Internationalen Bank- und Kapitalmarktrechts

167 Bislang von der Völkerrechtslehre oft weniger thematisiert sind die völkerrechtlichen Aspekte des Internationalen **Bank- und Kapitalmarktrechts**. Letztere Aspekte sind auch für den nationalen Bankrechtler von nicht zu unterschätzender Bedeutung. So sind zahlreiche unbestimmte Rechtsbegriffe des nationalen Bank- und Kapitalmarktrechts auch völkerrechtlich **auszulegen**.

I. Die völkerrechtliche Wirkung des Internationalen Bank- und Kapitalmarktkollisionsrechts

168 Die rein **faktische Bedeutung** des Internationalen Bank- und Kapitalmarktkollisionsrechts besteht darin, dass Kapitalmärkte heute nicht mehr rein national sind, sondern nur noch als internationale Märkte bestehen. Eine krisenhafte Investition in einem Land löst schon lange nicht mehr rein nationale **Finanzkrisen** aus, sondern wirkt grenzüberschreitend auf internationalen Märkten. Demgegenüber bewirken nationale Regelungen oft größere Verschiebungen auf den internationalen und dadurch wiederum auf den nationalen Kapitalmärkten. Somit können auch heute nationale Regelungen in die ökonomische **Souveränität** von Staaten, insbesondere von kapitalschwachen Staaten, wie **Entwicklungsländer**, eingreifen.

169 Den historischen Wechsel von nationalen Banken-Krisen (z. B. der **Herstatt-Krise** [1974], der **BCCI-Krise** [1991], der **Baring-Krise** [1995]) zu den internationalen Krisen (**DOT-Com** [2000], **islamistischer Terror** [2001], **US-Immobilienkrise** [2007] oder die aktuellen **Covid-Lockdown-Krise** I und II [2020]) bewiesen die historischen Entwicklungen des internationalen Kapitalmarktes.

170 Da bereits heute Finanz- und Kapitalmärkte „**internationalisiert**" sind, kommen zu ihrer Reglementierung ohnehin nur noch internationale Regelungen in Betracht. Eigens diese können die **Finanzierung** nationaler Wirtschaftseinheiten,

I. Die völkerrechtliche Wirkung des Internationalen Bank- und Kapitalmarktkollisionsrechts

deren wirtschaftliche Tätigkeit und damit die Souveränität einzelner Länder stark in Mitleidenschaft ziehen.

Zu denken ist hier beispielsweise an den Konfliktfall der internationalen Durchsetzung bankrechtlicher bzw. **bankaufsichtsrechtlicher Zwangsmaßnahmen**: 171

- etwa die Ausübung der Aufsicht über eine ausländische Depotbank durch die für die Investmentgesellschaft zuständige berufene nationale Aufsichtsbehörde (KAGB § 69 bzw. KWG §§ 6, 5), oder
- das Untersagen der Ausübung der Geschäftstätigkeit (KWG § 46 Abs. 1 Nr. 3) bzw. die
- Schließung der nationalen Börsen (KWG § 47 Abs. 1 Nr. 3).

In diesen Sachverhalten wirkt eine nationale Regelung **enteignend** und in die mittlerweile völkerrechtlich anerkannte wirtschaftliche Souveränität eines Staates eingreifend. 172

Die völkerrechtliche Gefahr, also die Möglichkeit durch staatlich initiierte Banken- und Kapitalmarktkrise aber auch durch internationale Reglementierungen des Banken- und Kapitalmarktes (sog. **Einheitsrecht**) in die ökonomische Souveränität von Völkerrechtssubjekten einzugreifen, besteht deswegen in besonderem Maße, da jene Rechtsgebiete, mit denen dies möglich ist, sehr zahlreich und oft nur von Spezialisten verständlich sind. 173

> **Völkerrechtsrelevante Gebiete des Bank- und Kapitalmarktrechtes:**
> - *Gewerbe- und Organisationsrecht* der Banken und Finanzdienstleister,
> - Recht der Zulassung zur Börse für Marktteilnehmer und Marktprodukte (Wertpapiere/Derivate),
> - *Wertpapier-Immissionsrecht,*
> - *Anlage-, Anlageberatungs-* und *Anlagevertragsrecht,*
> - *Recht der Mitteilungs-, Anzeige-, Melde-* und *Informationspflichten,*
> - *Prospektrecht* und *Prospekthaftungsrecht,*
> - *Depotrecht,*
> - *Insider-* und das *Marktmanipulations-Verbotsrecht,*
> - *Investmentrecht,*
> - *Ordnungswidrigkeitsrecht,*
> - *Bank- und Kapitalmarktstrafrecht,*
> um nur einen groben Überblick zu geben.

6. Kapitel Völkerrechtliche Aspekte des Internationalen Bank- und Kapitalmarktrechts

174 Aufgrund der Vielzahl unterschiedlicher Regelungswerke nimmt das Einheitsrecht im Internationalen Bank- und Kapitalmarktrecht einen bedeutungsvollen Stellenwert ein.

175 Folgende Rechtsquellen des Internationalen Bank- und Kapitalmarktrechts prägen das Internationale Bank- und Kapitalmarktrecht:

Übersicht 1: Internationales Bank- und Kapitalmarktrecht (Auszug)
- Basel Committee on Banking Supervision's Compliance and the Compliance Function in Banks, Basel II, Basel III
- Consultation on legislative changes to the UCITS depositary function and to the UCITS managers remuneration
- Consultation on the harmonisation of securities law
- Financial Services Action Plan – FSAP
- Financial Stability Board
- Public consultation on derivatives and Market Infrastructures
- Public consultation on possible measures to strengthen bank capital requirements for counterparty credit risk
- Schlussbericht des Ausschusses der Weisen über die Regulierung der europäischen Wertpapiermärkte (Lamfalussy-Verfahren)
- International Organization of Securities Commissions (IOSCO's Objectives and Principles of Securities Regulation)
- Auslegungsschreiben des Committees of European Securities Regulators (CESR)
- CESR's Level 3 Recommendations on the List of Minimum Records under Article 51(3) of the MiFID
- Implementing Directive vom 9. Februar 2007
- CESR's Q & A on Best Execution vom 29. Mai 2007
- Die ESMA-Leitlinien (z. B.: ESMAS-Guidelines on certain aspects of the MiFID suitability requirements)
- ISDA Master Agreement 2002
- European Master Agreement (EMA)
- Deutsche Rahmenvertrag für Finanztermingeschäfte erstmals veröffentlicht 1993

II. Internationale Finanzdienstleister

Neben den **Privatbanken** existieren völkerrechtliche Einrichtungen wie die Weltbank, die Europäische Investitionsbank, der Internationale Währungsfonds, die Europäische Bank für Wiederaufbau und Entwicklung. Deren völkerrechtliche Wirkung erscheint offenkundiger als die des o. g. Privatbanken-Sektors, denn **176**
- internationale Finanzdienstleister greifen mit ihrer Finanzierung unmittelbar in Projekte nationalen und internationalen Zuschnitts ein;
- die Finanzmöglichkeiten der internationalen Finanzdienstleister sind, gemessen an denen des privaten internationalen Banksektors, erheblich;
- die Aktivitäten internationaler Finanzdienstleister berühren mehr oder weniger zielgerichtet die Währungsstabilität einzelner Länder.

III. Die Weltbank

Die Weltbank (englisch **World Bank**) ist eine *Gruppierung unterschiedlicher* multinationaler Entwicklungsbanken: **177**
- **Internationale Bank für Wiederaufbau und Entwicklung** (*International Bank for Reconstruction and Development, IBRD; sog. Weltbank i. e. S.*),
- **Internationale Entwicklungsorganisation** (*International Development Association, IDA*),
- **Internationale Finanz-Corporation** (*International Finance Corporation, IFC*),
- **Multilaterale Investitions-Garantie-Agentur** (*Multilateral Investment Guarantee Agency, MIGA*),
- **Internationales Zentrum für die Beilegung von Investitionsstreitigkeiten** (*International Centre for Settlement of Investment Disputes, ICSID*).

Ursprünglich verfolgte sie den Zweck, den **Wiederaufbau** der vom Zweiten Weltkrieg zerstörten Staaten und Infrastrukturen zu finanzieren. Heute dient sie der nachhaltigen Finanzierung von Produktion, dem Vertrieb und dem Konsum von Gütern und Dienstleistungen, insbesondere die weltweite nachhaltige **Armutsminderung** (Sustainable povertry reduction). **178**

6. Kapitel Völkerrechtliche Aspekte des Internationalen Bank- und Kapitalmarktrechts

179 Zu ihrem **ganzheitlichen Ansatz** (Comprehensive Developement Framework) rechnet auch die Förderung der **Privatwirtschaft** (Private Sector Development [PSD]), vor allen in den sog. Entwicklungsländern.

180 Die Weltbank finanziert derzeit 189 Träger mit unterschiedlich hohen Beiträgen. Zu der häufig aufgeworfenen Kritik zählt der Aspekt, dass Staaten mit hohem **Budgetbeitrag** regelmäßig und nahezu „automatisch" Führungsaufgaben in der Weltbank übernehmen.

181 Probleme der Weltwirtschaft stellen sich heute in den Bereichen **Geldwäsche** und **Terrorismusfinanzierung** aber auch in der neuen Zulassung neuer/**elektronischer Finanzierungsmittel** wie etwa **Kryptowährungen**.

IV. Der Internationale Währungsfonds (IWF)

182 Dieselben Mitglieder der Weltbank (derzeit 190) bilden den Internationale Währungsfonds (IWF). Wie auch bei der Weltbank bestimmen sich die Mitbestimmungsrechte nach den unterschiedlichen bemessenen Kapitalanteilen der Mitglieder (Art. III **IWF-Abkommen**). Dennoch ist die Tätigkeit des IWF nicht mit der der Weltbank gleichzusetzen. Die Aufgaben des IWF komplettieren vielmehr die der Weltbank.

183 So finanziert der IFW jene Ländern, die insbesondere aufgrund eigener **Zahlungsschwierigkeiten** eigenständige Projekte alleine nicht durchführen können (siehe Art. IV Abs. 1 Satz 1 IWF-Abkommen).

184 Eine weitere zentrale Aufgabe des IWF besteht in dem Ausgleich der **Zahlungsbilanz** einzelner Länder. Ein solcher Ausgleich wird insbesondere notwendig, wenn die an das Ausland zu bezahlenden Schulden dem **Inlands-Geldwert** übersteigen.

185 Seine Aufgaben, insbesondere zur Finanzierung **notleidender Staaten**, organisiert der IWF nicht nur durch die in ihm zu entrichtenden Beiträge, sondern ebenfalls durch sogenannte **Sonderziehungsrechte** (*special drawing rights*). Diese Sonderziehungsrechte stellen quasi eine eigene Währung dar, die sich aus einem **Fonds** bestehend aus den Währungen US-Dollar (41,73 %), EURO (30,93 %), Yen (8,33 %) Pfund, Sterling (8,9 %) und seit dem 1. November 2016 aus dem chinesischen Renminbi (10,92 %) zusammensetzt.

V. Europäische Finanzdienstleister

Die Vergabe an Sonderziehungsrechten an einen Mitgliedstaat bedeutet vereinfacht ausgedrückt, dass dieses Mitgliedstaat eine „harte" (da durch den Fonds abgesicherte) Währung erhält, mit der das Land am Weltmarkt Geschäfte betreiben kann. **186**

Damit agiert der IWF als **Kreditgeber** im Bereich der Finanzwirtschaft und tritt nicht, wie etwa die Weltbank, vorrangig als Förderer eigenständiger Projekte (= Finanzierung der **Realwirtschaft**) in Erscheinung. **187**

Diese Trennung gibt der IWF heute dadurch auf, dass er spezielle entwicklungspolitischen Ziele – unter Zurverfügungstellung sog. **Fazilitäten** (Kapital- und Geldmittel) – in einzelnen Ländern gezielt fördert. Die Vergabe von **Krediten** an hochverschuldete Entwicklungsländer knüpft der IWF, zu seiner Absicherung, an zahlreiche **Bedingungen** (sog. *„Konditionalität"*, Art. XXX kit. v IWF-Abkommen). Hierbei erklärt sich das finanzierte Land in einem *„Memorandum of Economic and Financial Ploicies"* gegenüber dem IWF bereit, wirtschaftliche, währungs- und ggf. eigene handelspolitische Maßnahmen zu ergreifen. Gerade mit der Konditionalität besitzt der IWF ein völkerrechtlich bedeutendes und nicht unumstrittenes Mittel, in die **Wirtschafts-Souveränität** eines Landes umfassend einzugreifen. **188**

Eine große völkerrechtliche **Kompetenz** kommt dem IWF auch durch die Möglichkeit zu, staatliche **Währungsmanipulationen** zu überwachen, Art. IV Abs. 1 (iii) IWF Abkommen. **189**

Staaten nutzen Währungsmanipulationen, um sich im internationalen Wettbewerb künstliche d. h. nicht marktgerechte Finanzierungs- bzw. **Standortvorteile** zu sichern. Bedauerlicherweise besitzt der IWF in diesem Bereich keine Sanktionsmechanismen. **190**

V. Europäische Finanzdienstleister

Auch auf europäischer Ebene existieren staatenübergreifende Finanzdienstleister, etwa **191**
- die **Europäische Investitionsbank** (EIB) (Aufgabe: Durch Finanzierung regionaler Projekte etwa *Innovation-2010-Initiative*, Ausbau *Transeuropäischer Netze* (TEN) „zu einer ausgewogenen und reibungslosen Entwicklung des Binnenmarktes im Interesse der Union beizutragen" [Art. 309 Abs. 1 AEUV]),

- die **Europäische Bank für Wiederaufbau und Entwicklung** (*European Bank for Reconstruction and Development* – EBWE oder EBRD) (Aufgabe: Unterstützung des Transformationsprozesses vorwiegend Mittel- und osteuropäischer Staaten hin zur Marktwirtschaft),
- die **Europäische Investitionsbank** (EIB) (Aufgabe: Kreditvergabe „zu einer ausgewogenen und reibungslosen Entwicklung des Binnenmarktes im Interesse der Union" [Art. 309 Abs. 1 AEUV]).

192 Ihre völkerrechtliche Bedeutung erscheint jedoch eingeschränkt, da ihr Kapitalvolumen nicht dem der internationalen Finanzdienstleister entspricht und die Europäischen Mitgliedstaaten, in den Europäischen Verträgen, ohnehin ihre nationale Wirtschafts-Souveränität zugunsten der *Europäischen Gemeinschaft* geschmälert haben (siehe Rn. 75 f. m. w. H.).

Bedeutende Rechtsquellen des Internationalen Bank- und Kapitalmarktrechts
Internationale Regelungen • Basel Committee on Banking Supervision's Compliance and the Compliance Function in Banks, Basel II, Basel III • IOSCO's Objectives and Principles of Securities Regulation • Financial Services Action Plan – FSAP • Auslegungsschreiben des Committees of European Securities Regulators (CESR): CESR's Level 3 Recommendations on the List of Minimum Records under Article 51(3) of the MiFID • Implementing Directive vom 9. Februar 2007 • CESR's Q & A on Best Execution vom 29. Mai 2007 • Die ESMA-Leitlinien (ESMAS-Guidelines on certain aspects of the MiFID suitability requirements) • ISDA Master Agreement 2002
Europäische Verordnungen • Verordnung (EU Nr. 648/2012) des Europäischen Parlaments und des Rates über OTC-Derivate, zentrale Gegenparteien und Transaktionsregister

V. Europäische Finanzdienstleister

- Verordnung (EU) Nr. 596/2014 des Europäischen Parlaments und des Rates vom 16. April 2014 über Marktmissbrauch (Marktmissbrauchsverordnung) und zur Aufhebung der Richtlinie 2003/6/EG des Europäischen Parlaments und des Rates und der Richtlinien 2003/124/EG, 2003/125/EG und 2004/72/EG der Kommission (Marktmissbrauchs-Verordnung)
- Verordnung (EU) Nr. 909/2014 des Europäischen Parlaments und des Rates vom 23. Juli 2014 zur Verbesserung der Wertpapierlieferungen und -abrechnungen in der Europäischen Union und über Zentralverwahrer sowie zur Änderung der Richtlinien 98/26/EG und 2014/65/EU und der Verordnung (EU) Nr. 236/2012 (CSDR)
- Verordnung (EU) Nr. 600/2014 des Europäischen Parlaments und des Rates vom 15. Mai 2014 über Märkte für Finanzinstrumente und zur Änderung der Verordnung (EU) Nr. 648/2012 (MiFIR)
- Verordnung (EU) Nr. 260/2012 des Europäischen Parlaments und des Rates vom 14. März 2012 zur Festlegung der technischen Vorschriften und der Geschäftsanforderungen für Überweisungen und Lastschriften in Euro und zur Änderung der Verordnung (EG) Nr. 924/2009 Text von Bedeutung für den EWR

Europäische Richtlinien
- Richtlinie 2003/124/EG vom 22. Dezember 2003 zur Durchführung der Richtlinie 2003/6/EG des europäischen Parlaments und des Rates betreffend die Begriffsbestimmung und die Veröffentlichung von Insidern-Informationen und die Begriffsbestimmung der Marktmanipulation
- Richtlinie 2003/125/EG vom 22. Dezember 2003 zur Durchführung der Richtlinie 2003/6/EG
- Richtlinie 2004/109/EG vom 15. Dezember 2004 zur Harmonisierung der Transparenzforderungen in Bezug auf Informationen über Emittenten, deren Wertpapiere zum Handel auf einem geregelten Markt zugelassen sind, und zur Änderung der Richtlinie 2001/34/EG (Transparenzrichtlinie)
- Richtlinie 2014/65/EU des Europäischen Parlaments und des Rates vom 15. Mai 2014 über Märkte für Finanzinstrumente sowie zur Änderung der Richtlinien 2002/92/EG und 2011/61/EU (MiFID II)

- Richtlinie 2013/36/EU des Europäischen Parlaments und des Rates vom 26. Juni 2013 über den Zugang zur Tätigkeit von Kreditinstituten und die Beaufsichtigung von Kreditinstituten und Wertpapierfirmen, zur Änderung der Richtlinie 2002/87/EG und zur Aufhebung der Richtlinien 2006/48/EG und 2006/49/EG (CRD IV)
- Richtlinie 2009/65/EG des Europäischen Parlaments und des Rates vom 13. Juli 2009 zur Koordinierung der Rechts- und Verwaltungsvorschriften betreffend bestimmte Organismen für gemeinsame Anlagen in Wertpapieren (OGAW IV)
- Richtlinie 2010/73/EU des Europäischen Parlaments und des Rates zur Änderung der Richtlinie 2003/71/EG betreffend den Prospekt, der beim öffentlichen Angebot von Wertpapieren oder bei deren Zulassung zum Handel zu veröffentlichen ist.
- Richtlinie 2011/61/EU des Europäischen Parlaments und des Rates vom 8. Juni 2011 über die Verwalter alternativer Investmentfonds und zur Änderung der Richtlinien 2003/41/EG und 2009/65/EG und der Verordnungen (EG) Nr. 1060/2009 und (EU) Nr. 1095/2010 (AIFM-Richtlinie)

7. Kapitel Völkerrechtliche Aspekte des Internationalen Wettbewerbsrechts

Eigens das Wettbewerbsrecht, also das Recht, welches Unternehmen zu einem fairen und marktkonformen Verhalten anhält, hat besondere Bedeutung im Wirtschaftsvölkerrecht. Zum Wettbewerbsrecht zählen: **193**

- das **Kartellrecht** (Recht gegen sämtliche Unternehmensabsprachen und -koordinationen, die das Wirtschaftsverhalten der einzelnen Unternehmen [Kartellpartner] binden und zu schlechteren Marktbedingungen führen.),
- das **Fusionskontrollrecht** (Recht gegen die Bildung von Unternehmensmacht durch den Erwerb von Unternehmen oder nennenswerten Einflüssen auf diese),
- das **Markt-Missbrauchsrecht** (Recht gegen die Ausnutzung einer marktbeherrschenden Unternehmensstellung zum Realisieren missbräuchlichen Verhaltens [etwa. Prise-Dumping = Verkauf unter dem Einstandspreis], Kopplungsgeschäfte, Abschneiden von Rohstofflieferungen etc.).

I. Das völkerrechtliche Problem

Ein Wettbewerbsverstoß, z. B. ein Kartell, das von inländischen Unternehmen geschlossen, nur Wirkung auf dem **inländischen Markt** hat, lässt sich unproblematisch nach nationalem Recht lösen. **194**

In der heutigen Praxis sind allerdings jene Kartelle häufig, die Wirkungen auf anderen nationalen Märkten haben. Hier stellt sich die Frage, ob jene Völkerrechtssubjekte (i. d. R. Staaten) – deren Markt durch das Kartell beeinträchtigt ist – auch, mit seinem Recht gegen dieses Kartell ausländischer Unternehmen vorgehen kann. Eine solche Vorgehensweise hätte zur Folge, dass fremdstaatliche Kartellpartner dann dem Recht jenes Staates unterliegen, auf dessen Markt das Kartell wirkt (sog. **Auswirkungsprinzip**, *effects doctrine*). Ein Staat würde dann mit seinem Recht fremde Unternehmen reglementieren und dadurch die Souveränität ihres **Wohnsitzstaates** eingreifen. **195**

II. Die Rechtsentwicklung

196 Historisch hat das **US-amerikanische Wettbewerbsrecht** bereits 1945 allein den Ort der eintretenden Marktstörung als legitimen **Anknüpfungspunkt** seines, zur Anwendung des US-amerikanischen Wettbewerbsrechts selbst dann angesehen, wenn die Kartellteilnehmer nicht Amerikaner waren und das Kartell auch nicht auf amerikanischen Boden geschlossen worden war („**Alcoa-Entscheidung**" 148 F.2d 416, 443 f. [2d Cir. 1945]). In der „Alcoa-Entscheidung" heißt es dazu wörtlich:

> „cartel agreements 'were unlawful, though made abroad, if they were intended to affect imports and did affect them." – „Wo die Absicht, Wirkungen in den USA zu erzeugen bewiesen ist, werden tatsächliche Auswirkungen vermutet."

197 Ausdrücklich geht auch der *Foreign Trade Antitrust Improvement Act 1982* (FTAIA) von der „**effects doctrine**", **Auswirkungsprinzip** aus:
So bestimmt
15 U.S.C. § 6a FTAIA:
Sections 1 to 7 of this title shall not apply to conduct involving trade or commerce (other than import trade or import commerce) with foreign nations unless –
(1) such conduct has a direct, substantial, and reasonably foreseeable effect –
(A) on trade or commerce which is not trade or commerce with foreign nations, or on import trade or import commerce with foreign nations; or
(B) on export trade or export commerce with foreign nations, of a person engaged in such trade or commerce in the United States; and
(2) such effect gives rise to a claim under the provisions of sections 1 to 7 of this title, other than this section.

198 In der Folge führte die Anwendung des US-amerikanischen Wettbewerbsrechts – nach dem Auswirkungsprinzip – auf in anderen Staaten geplante, oder von nicht-amerikanischen Unternehmen durchgeführte Wettbewerbsvergehen zu **Konflikten mit anderen Ländern**. Diese sahen sich bzw. ihre Souveränität durch die nach dem Auswirkungsprinzip mögliche Anwendung von US-amerikanischen Wettbewerbsrecht auf Sachverhalte, an denen Unternehmen mit Sitz ihres Landes beteiligt waren, beeinträchtigt (siehe dazu: *Rio Tinto Zinc Corp. v. Westinghouse Elec. Corp.*, [1978] 1 All E.R. 434, 434-38 [H.L.]; sog. *Laker-Fall, British Airways v. Laker Airways*, [1983] 3 All ER 375 [C.A.]).

II. Die Rechtsentwicklung

Heute ist die Anwendung des Auswirkungsprinzipes weitgehend völkerrechtlich anerkannt. **199**

Dies gilt auch für die **Europäische Union**. Wollte der **EuGH** das Auswirkungsprinzip zunächst noch wegen seiner völkerrechtlichen Wirkung auf fremde Staaten eher zurückhaltend anwenden (siehe EuGH: **Teerfarben** [EuGH Rs. C-48/69, Slg. 1972, 619] Rn. 132 ff.; **Zellstoff** [EuGH verb. Rs. C-89/85 u. a., Slg. 1988, 5193] Rn. 16), so billigte der das Auswirkungsprinzip in seinen Folgeentscheidungen: EuGH, **Ahlström** (Rs. 89, 104, 114, 116, 117 und 125 bis 129/ 85) Slg. 1988, S. 5193 ff. und insbesondere **Gencor** (EuG Rs. T-102/96, Slg. 1999, II S. 753) n. 85 ff., 90, bzw. Intel 12. Juni 2014 (EuG Rs. T-286/09) Rn. 233 ff., 240. **200**

Die aktuellen Entwicklungen der durch die Europäische Kommission verhängten **Bußgelder** für internationale Wettbewerbsverstöße verdeutlicht nicht nur die Dringlichkeit des Schutzes von internationalen Wettbewerbsverstöße, sondern auch die ökonomischen Wirkungen des Auswirkungsprinzips (siehe auch *Krimphove*, Europarecht, 3. Aufl., 2020, Rn. 272a). **201**

Auch das **deutsche Wettbewerbsrecht** geht insbesondere in § 185 Abs. 2 GWB von der Geltung des Auswirkungsprinzips aus: **202**

> *Die Vorschriften des Ersten bis Dritten Teils dieses Gesetzes sind auf alle Wettbewerbsbeschränkungen anzuwenden, die sich im Geltungsbereich dieses Gesetzes auswirken, auch wenn sie außerhalb des Geltungsbereichsdieses Gesetzes veranlasst werden.*

Völkerrechtlich ist zum Auswirkungsprinzip noch zu vermerken, dass es zwar auch staatliche **Sanktionen** von Wettbewerbsverstößen zulässt, die sich nur in dem jeweiligen Land auswirken.
Eine **Vollstreckung** dieser Sanktionen – etwa durch Pfändung des Unternehmensvermögens – ist aber nur völkerrechtlich in das in dem eigenen Land belegene Vermögen der Kartellpartner möglich. Die Durchführung einer **Pfändung** in einem Drittstaat verletzt nämlich dessen Souveränität.

7. Kapitel   Völkerrechtliche Aspekte des Internationalen Wettbewerbsrechts

Bedeutende Rechtsquellen des Internationalen Wettbewerbsrechts
• General Agreement on Tariffs and Trade (GATT) vom 30. Oktober 1947 • General Agreement on Trade in Services vom 15. April 1994 Marrakesch • Agreement on Trade-Related Aspects of Intellectual Property Rights; Accord sur les aspects des droits de propriété intellectuelle qui touchent au commerce, 1995 (TRIPS) • Vertrag über die Arbeitsweise der Europäischen Union bis Art. 105 AEUV das Kartellrecht, in Art. 106 AEUV öffentliche Unternehmen u. Monopole Art. 107AEUV bis Art. 109 AEUV Beihilfe • Verordnung (EG) Nr. 139/2004 des Rates vom 20. Januar 2004 über die Kontrolle von Unternehmenszusammenschlüssen (EG-Fusionskontrollverordnung)

8. Kapitel Das internationale Investitionsschutzrecht

I. Allgemeines

Zum Schutz von Investitionen im Ausland hat sich das internationale Investitionsschutzrecht herausgebildet, das in den letzten Jahrzehnten massiv an Bedeutung gewonnen hat (aber auch in Kritik geraten ist). Investitionen im Sinne des Völkerrechts sind **Kapitalanlagen** in vielfältiger Gestalt (z. B. Unternehmensgründungen, Joint-Venture- und Konzessionsvereinbarungen, Anlagebau- und Lizenzverträge, etc.) einer physischen oder juristischen Person (Investor) in einem anderen Staat. Dabei wird der Heimatstaat des Investors als kapitalexportierender Staat und der Gaststaat als kapitalimportierender Staat oder Anlagestaat bezeichnet.

203

Regelungszweck dieses wirtschaftlich sehr bedeutsamen Rechtsgebietes ist das Schaffen eines sicheren Investitionsklimas für Kapitalanlagen im Ausland, die grundsätzlich den sog. souveränen Risiken des Gaststaates ausgesetzt sind. Aufgrund der inneren Souveränität aller Staaten stünde es diesen grundsätzlich frei, Gesetzes- oder andere Rechtsänderungen durchzuführen, die eine wirtschaftliche Tätigkeit des Investors schwer behindern oder sogar dessen Vermögenswerte enteignet.

204

In Grundzügen basiert das internationale Investitionsrecht auf fast 3.000 **Investitionsschutzabkommen** zwischen Staaten, die weitgehend standardisiert sind, bestimmte Schutzstandards für Investitionen vorsehen (z. B. Schutz vor entschädigungsloser Enteignung, Nichtdiskriminierung, Gebot der gerechten und billigen Behandlung) und für deren Durchsetzung besondere Klagsrechte für Investoren eingeräumt werden. Deutschland hat in etwa 150 solcher Abkommen unterzeichnet.

205

⚑ → United Arab Emirates – Germany BIT

Für die Beilegung solcher Streitigkeiten hat die Washingtoner Konvention über die Beilegung von Investitionsstreitigkeiten zwischen Staaten und Angehörigen anderer Staaten (⚑ → ICSID Konvention) besondere Bedeutung erlangt.

206

207 Zu unterscheiden vom *internationalen* Investitionsrecht sind etwaige nationale Rechtsvorschriften bestimmter Staaten, die den Schutz von Investitionen vorsehen, da hier die Rechtsquelle eine innerstaatliche und keine völkerrechtliche ist.

208 Jüngst haben sich kritische Stimmen gemehrt, die im internationalen Investitionsrecht Fehlentwicklungen diagnostizieren. Angeführt wird hierbei ein vermeintlich systemimmanenter Bias zugunsten von Investoren, der aufgrund von vage formulierten Schutzstandards (wie bspw. „faire und gerechte Behandlung") und der Verfahrensstruktur nicht angemessen sei und keinen legitimen Ausgleich zwischen Interessen des Gaststaates und der Investoren schaffe. Im Rahmen der UNO wird derzeit an Reformvorschlägen gearbeitet.

209 **1. Schutzbereich.** Das Investitionsrecht schützt die Investitionen (Kapitalanlagen) ausländischer Investoren im Gaststaat. Was unter den Begriff „**Investition**" fällt, ist in modernen BITs meist sehr detailliert definiert und umfasst typischerweise Vermögenswerte jeder Art, wie Eigentumsrechte, aber auch Anteilsrechte von Aktionären, Darlehensforderungen, geistige Eigentumsrechte oder Konzessionen.

210 **Beispiel einer Definition von „Kapitalanlage" (📖 → United Arab. Emirates – Germany BIT):**
Für die Zwecke dieses Abkommens
1. umfasst der Begriff „Kapitalanlage" Vermögenswerte jeder Art, die Investoren des einen Vertragsstaates in beliebiger Form im Hoheitsgebiet des anderen Vertragsstaates in Übereinstimmung mit dessen Rechtsvorschriften anlegen. Ohne die Allgemeingültigkeit des Vorstehenden einzuschränken, umfasst der Begriff „Kapitalanlage"
a) Eigentum an beweglichen und unbeweglichen Sachen sowie sonstiges Sachvermögen wie Hypotheken, Pfandrechte, Nießbrauch und ähnliche Rechte;
b) Gesellschaftsanteile, -einlagen und -obligationen oder andere Rechte und Beteiligungen an solchen Gesellschaften sowie von einem Vertragsstaat oder seinen staatlichen Stellen emittierte Wertpapiere;
c) Ansprüche auf Geld oder Leistungen, die einen wirtschaftlichen Wert im Zusammenhang mit einer Kapitalanlage haben;
d) Rechte des geistigen Eigentums, wie insbesondere Urheberrechte, Marken, Patente, gewerbliche Geschmacksmuster und andere gewerbliche Schutzrechte, Know-how, Betriebs- und Geschäftsgeheimnisse, technische Verfahren, Handelsnamen und Goodwill;

> e) gesetzliche oder vertragliche Konzessionen sowie kraft Gesetzes erteilte Lizenzen und Genehmigungen einschließlich Aufsuchungs- und Gewinnungsrechte;
> eine Änderung der Form, in der Vermögenswerte angelegt werden, lässt ihre Eigenschaft als Kapitalanlage unberührt; [...]

Auch der Begriff des Investors ist typischerweise in den entsprechenden BITs geregelt, da die Staatsangehörigkeit eines Investors der entscheidende Anknüpfungspunkt für dessen Schutz ist. Hier richtet sich die Staatsangehörigkeit natürlicher und juristischer Personen (also insb. Gesellschaften) primär nach dem jeweiligen nationalen Recht. **211**

> **Beispiel nach Art. 1 Nr. 2 des genannten BIT bezeichnet „Investor":** **212**
> [...]
> 2. in Bezug auf die Bundesrepublik Deutschland:
> aa) Deutsche im Sinne des Grundgesetzes für die Bundesrepublik Deutschland,
> bb) jede nach ihrem Recht gegründete juristische Person sowie jede derartige Handelsgesellschaft, sonstige Gesellschaft oder Vereinigung mit oder ohne Rechtspersönlichkeit, die ihren Sitz im Hoheitsgebiet der Bundesrepublik Deutschland hat, gleichviel, ob ihre Tätigkeit auf Gewinn gerichtet ist oder nicht; [...]

Für **ICSID**-Verfahren muss zudem auch der Heimatstaat des Investors und der Gaststaat Vertragspartei der ICSID-Konvention sein. Hier sind zusätzlich die Zuständigkeitsvoraussetzungen des Art. 25 zu prüfen (📖 → ICSID Konvention). **213**

Der Zugang (auch das Verfahren der Zulassung) und die Niederlassung ausländischer Investoren richtet sich meist nach dem nationalen Recht des Gaststaates. Nach dem Liberalisierungskonzept, das sich insbesondere in BITs der USA und Kanada findet, werden dagegen explizit Zugangsrechte für ausländische Investoren mit Ausnahmen in den Abkommen vorgesehen. **214**

2. Materiellrechtliche Schutzstandards. Vorbehaltlich der jeweils konkreten Regelung finden sich die folgenden materiellen Schutzstandards üblicherweise in Investitionsschutzabkommen. Bei Verletzung gebührt grundsätzlich Entschädigung, die in der Praxis sehr hoch ausfallen kann (die bisher höchste zugesprochene Entschädigungssumme beläuft sich auf ca. 50 Milliarden USD in Yukos gg. Russland). **215**

8. Kapitel Das internationale Investitionsschutzrecht

216 **Inländergleichbehandlung** (national treatment) schützt ausländische Investoren davor, schlechter behandelt zu werden als inländische. Dies hat in der Praxis geringere Relevanz, da es Staaten grundsätzlich freisteht, ihre eigenen Staatsangehörigen entschädigungslos zu enteignen (eine andere Frage ist natürlich, ob dies nach dem jeweiligen nationalen Verfassungsrecht bzw. aufgrund anderer völkerrechtlichen Verpflichtungen z. B. aus Menschenrechtsverträgen unzulässig ist).

217 Eine weitere typische Regelung ist die **Meistbegünstigungsklausel**. Diese verpflichtet den Gaststaat, dem Investor die beste Behandlung zu gewähren (mit Ausnahmen), welche Investoren aus einem Drittstaat eingeräumt werden. Zielt also darauf ab, Investoren aus dem einen Staat im Gaststaat nicht schlechter zu stellen (zu diskriminieren) im Verhältnis zu anderen ausländischen Investoren im Gaststaat.

218 Der **Schutz vor entschädigungsloser Enteignung** verbietet Enteignungen ausländischen Vermögens nicht prinzipiell, sieht aber typischerweise gewisse Bedingungen vor. Diese müssen dem öffentlichen Wohl dienen, dürfen nicht diskriminierend sein und eine Entschädigung vorsehen. Auch eine indirekte Enteignung, also solche staatlichen Maßnahmen, die einen Investor daran hindern, seine wirtschaftliche Tätigkeit fortzuführen, auch ohne formellen Eigentumsentzug, ist typischerweise vom Schutzbereich erfasst (bspw. Entzug einer Konzession).

219 **Beispiel Deutschland VAE BIT Art. 4 Abs. 2:**
Kapitalanlagen von Investoren eines Vertragsstaats dürfen – weder unmittelbar noch mittelbar durch Maßnahmen gegen ein Unternehmen, in dem der Investor eine Kapitalanlage besitzt – von dem anderen Vertragsstaat enteignet, verstaatlicht oder einer anderen Maßnahme unterworfen werden, deren Auswirkungen einer Enteignung oder Verstaatlichung (nachfolgend gemeinsam als „Enteignung" bezeichnet) gleichkommen, außer zum allgemeinen Wohl des letztgenannten Staates und gegen umgehende, angemessene und gerechte Entschädigung und unter der Voraussetzung, daß diese Maßnahmen auf nichtdiskriminierender Grundlage und in Übereinstimmung mit allgemeingültigen innerstaatlichen Rechtsvorschriften getroffen werden. Die Rechtmäßigkeit einer Enteignung und die Höhe der Entschädigung müssen auf Verlangen des Investors in einem ordentlichen Rechtsverfahren nachprüfbar sein.

I. Allgemeines

a) Enteignungen fremden Eigentums im Internationalen Wirtschaftsrecht. 220
Eine Enteignung ist die Entziehung fremden (Privat-)Eigentums durch ein Völkerrechtssubjekt. Enteignung ganzer Industriezweige (z. B.: Ölindustrie) ist im Völkerrecht mit dem Begriff „Nationalisierung" belegt, die Enteignung ohne Entschädigungszahlung heißt „Konfiskation". Die Enteignung ist möglich durch gesetzliche aber auch faktische Maßnahmen (sog. enteignende Eingriffe; *creeping expropriation*).

> **Beispiele:** 221
> - Beschränkung der Nutzung von Eigentum,
> - Umweltauflagen,
> - Einsetzung eines Verwalters,
> - Beeinträchtigung von Investitionen.

Fraglich ist, ab welchem Maß von einer (entschädigungspflichtigen) Enteignung die Rede sein kann. Bei der Frage, ob Umweltmaßnahmen eine (ggf. entschädigungspflichtige) Enteignung darstellen, soll es auf deren Intensität ankommen. Allgemeine Umweltstandards sind – wenn sie nichtdiskriminierend sind – im Allgemeinen keine Enteignungen. 222

Fraglich ist, ob auch der „Vertragsschutz" als enteignungsfähiges Gut aufgenommen ist. Nach h. M. ist dies nur möglich, insoweit als bereits Investitionen im Vertrauen auf das Bestehen des Vertrages getroffen wurden. Eine Enteignung ist rechtlich aber nur möglich, soweit der enteignende Staat hierzu einen Anknüpfungspunkt hat. Dies ist insbesondere die Personal- und/oder die Gebietshoheit. Es ist somit zu unterscheiden zwischen Enteignung im Inland und Enteignung im Ausland. 223

b) Enteignung im Inland. Bei der Enteignung im Inland fällt dies grundsätzlich unter die territoriale Souveränität des enteignenden Staates. 224

Bei der Enteignung eigener Staatsangehöriger gilt eine völkerrechtlich weitgehende Regelungsfreiheit des enteignenden Staates, wobei hier menschenrechtliche Verpflichtungen z. B. im Zusammenhang mit der Europäischen Menschenrechtskonvention zu berücksichtigen sind (Art. 1 Zusatz-Protokoll der EMRK sieht einen Anspruch auf Entschädigung vor). Andererseits ist dies natürlich durch innerstaatliches (Verfassungs-)Recht oftmals eingeschränkt (in Deutschland insb. Art. 14 GG). 225

226 Bei der Enteignung ausländischer Staatsangehöriger bestehen völkerrechtlich engere Voraussetzungen, da Ausländer nicht in der „Schicksalsgemeinschaft" des enteignenden Staates eingebunden und damit für diese staatliche Maßnahmen nicht demokratisch legitimiert sind. Daher bedingt die Enteignung von Ausländern, um zulässig zu sein, folgende Voraussetzungen:
- öffentlicher Zweck für Enteignung,
- keine Diskriminierung,
- Entschädigungspflicht.

227 Die Höhe der Entschädigung ist bis heute politisch umstritten: Nach der sog. Hull-Formel muss die Entschädigung „prompt, adequate and effective" sein. Das bedeutet grundsätzlich eine unverzügliche, Voll-Entschädigung in konvertibler Währung. Dagegen gab und gibt es aber politischen Widerstand der sog. Entwicklungsländer. In der Charta der wirtschaftlichen Rechte und Pflichten aus dem Jahr 1974 war nur eine angemessene Entschädigung „appropriate compensation" vorgesehen. Westliche Länder halten aber weiterhin an Voll-Entschädigung fest und Investitionsschiedsgerichte sehen in der Voll-Entschädigung Völkergewohnheitsrecht.

228 **c) Enteignung im Ausland.** Bei Enteignungen im Ausland stellt sich sodann die Frage nach der Vollzugswirkung derselben in einem anderen Land, also was gelten soll, wenn beispielsweise eine enteignete Erdöl-Ladung nach Hamburg kommt (extraterritoriale Wirkung). Dies wird als Problem der Anerkennung fremder Enteignungen bezeichnet.

229 Aufgrund des positiven Territorialitätsprinzips (lex rei sitae) ist eine Enteignung grundsätzlich anzuerkennen, wenn sie sich im enteignenden Staat ereignete. Dies gilt auch bei der Verbringung der enteigneten Sache ins Ausland. Es sei denn, es liegt ein Verstoß gegen das Völkerrecht vor. Dann ist diese Enteignung aufgrund der Verletzung des innerstaatlichen „ordre public" nicht rechtswirksam. Der Enteignete kann (mangels wirksamer Enteignung) den Gegenstand aus dem Drittland herausverlangen. Jedoch ist dies in der Praxis stark eingeschränkt. So prüfen deutsche Gerichte den „ordre public" nur bei einem „Inlands- und Gegenwartsbezug". Dies wäre beispielsweise erfüllt, wenn der Enteignete deutscher Staatsbürger ist.

> **Beispiel:** 230
> Chile enteignet entschädigungsfrei US-amerikanische Kupfermine in Chile. Ein Teil des Kupfers gelangt nach Hamburg. Von dort verlangt es der amerikanische frühere Eigentümer der Kupfermine heraus.
> *Das LG Hamburg (LG Hamburg, RIW/AWD 1973, 163) verneinte hier den Inlandsbezug. Daher fand keine Prüfung eines Verstoßes gegen den „ordre public" statt mit der Folge, dass die Enteignung somit anerkannt wurde und kein Herausgabeanspruch des Kupfers abgeleitet werden konnte.*

Bei der Enteignung von Auslandsvermögen von Inländern meint der enteignende Staat, dass aufgrund des Personalstatutes Eingriffe in das fremde, im Ausland gelegene Eigentum vornehmen zu dürfen. Dies ist jedoch nicht anzuerkennen, da hier das negative Territorialitätsprinzip greift. Dieser Grundsatz gilt auch bei sog. indirekten Auslandsenteignungen. 231

> **Beispiel:** 232
> Nicht die in Deutschland belegene Tochter-Gesellschaft eines amerikanischen Konzerns wird von den USA enteignet. Dies ist nach dem Grundsatz des „negativen Territorialitätsprinzips" nicht möglich. Die USA enteignen vielmehr die Gesellschafter um ihre Gesellschaftsanteile.

Auch dies ist nach dem Grundsatz des „negativen Territorialitätsprinzips" – für die deutschen Anteilsinhaber – nicht möglich. Der BGH operiert hier mit der sog. „Spaltungsgesellschaft": Die nicht-enteignungsfähigen Anteile (deutscher) ausländischer Gesellschafter bilden – im Fall der ausländischen Enteignung – eine eigene Gesellschaft. 233

Der in der Praxis wichtigste Schutzstandard ist das der **gerechten und billigen Behandlung** (engl. fair and equitable treatment, FET). Dieser erst in jüngeren Abkommen, wie z. B. CETA, näher definierte Schutzstandard schützt typischerweise Stabilität und Transparenz der rechtlichen Rahmenbedingungen, rechtsstaatliche Verfahren und legitime Erwartungen der Investoren. 234

Vor physischen und besonders gewaltsamen Eingriffen schützten Klauseln zu **vollem und dauerhaftem Schutz und Sicherheit** (full protection and security). 235

3. Investor-Staat Streitbeilegung (ISDS). Das Völkerrecht, das oftmals als „zahnlos" bezeichnet wird, bietet zum Schutz von Investitionen ein in der Praxis höchst effizientes Streitbeilegungssystem, das in fast allen Abkommen verankert wurde. Zentral hierfür ist, wie bereits erwähnt, die internationale Organi- 236 sation ICSID mit Sitz in Washington, D.C. Diese wurde durch die „Weltbankkonvention zur Beilegung von Investitionsstreitigkeiten zwischen Staaten und Angehörigen anderer Staaten" 1965 gegründet und weist über 150 Mitgliedstaaten, darunter auch Deutschland, auf. ICSID stellt vor allem administrative und institutionelle Rahmenbedingungen für **Schiedsgerichte** zur Beilegung von Streitigkeiten zwischen Investoren und Gastgeberländer zur Verfügung, sofern der Heimatstaat des Investors und das Gastgeberland die Konvention ratifiziert, und sich darüber hinaus beide Parteien – also Auslandsunternehmen und Anlagestaat – der Jurisdiktion des Zentrums schriftlich unterworfen haben (dies ist üblicherweise in den einzelnen BIT vorgesehen).

237 Im Falle eines Rechtsstreits kann der Investor durch Antrag die Bildung eines Schiedsgerichts veranlassen, das in einem zunächst schriftlichen, dann mündlichen Verfahren die Parteien hört und in der Folge seinen Schiedsspruch fällt. Die Besonderheit liegt darin, dass der Investor dem Staat prozessual gleichberechtigt gegenübersteht. Der **Schiedsspruch** ist wie eine höchstgerichtliche Entscheidung der ICSID-Mitglieder zu behandeln und kann daher in jedem der über 150 Mitgliedstaaten des ICSID vollstreckt werden.

Zankapfel ISDS in CETA und TTIP:
ISDS hat es aufgrund der Verhandlungen der EU mit den USA bzw. Kanada über jeweils eigene Freihandelsabkommen, die auch Investitionsschutz berücksichtigen, auch auf die Titelseiten der deutschen Zeitungen gebracht. Kritiker sahen darin ein Sonderrecht für große Konzerne, die legitime Regelungen eines Staates, wie bspw. zum Umweltschutz oder Gesundheitsschutz, zu Fall bringen können. Auch die hohen Entschädigungszahlungen in der Praxis und der Mangel eines Berufungsverfahrens und inkonsistenter Rechtsprechung wurden vorgebracht. Die EU hat sich für Reformen bereit erklärt und auch im Rahmen der UN werden Reformvorschläge ausgearbeitet, die diese Kritikpunkten aufgreifen.

Vattenfall gegen Deutschland:
Auch Deutschland wurde aufgrund des beschlossenen Atomausstiegs vor ein ICSID Schiedsgericht gebracht. Wegen des Atomausstiegs erlosch die Betriebsgenehmigung des schwedischen Energiekonzerns Vattenfall. Vattenfall sah hierin u. a. eine indirekte Enteignung im Sinne des Energiechartavertrages (ECT). Der Streitwert beträgt 4,7 Milliarden Euro. Die Streitparteien einigten sich einvernehmlich 2021 auf eine Entschädigung.

I. Allgemeines

4. Sonderfall Investor-Staat Streitbeilegung (ISDS) innerhalb der EU. Mit einem Paukenschlag hat der EuGH in seiner Entscheidung im Fall „**Achmea**" am 6. März 2018 klargestellt, dass aufgrund von Investitionsschutzabkommen zwischen EU-Mitgliedstaaten eingerichtete Schiedsgerichte gegen Unionsrecht verstoßen, da dadurch – gestützt auf Art. 344 und 267 AEUV – die Autonomie der Unionsrechtsordnung verletzt werde. In der Praxis bedeutet dies wohl ein Ende solcher Verfahren. Zuletzt entschied der EuGH auch, dass davon auch Schiedsgerichte betroffen sind, die aufgrund des **Energiechartavertrages** (ECT) eingerichtet werden und zwei Mitgliedstaaten betreffen. Die genauen Auswirkungen auf diese Verfahren werden Schiedsgerichte in zukünftigen Entscheidungen zu klären haben. Die Handelsschiedsgerichtsbarkeit ist hiervon nicht betroffen.

238

Mit seinem Gutachten zum EU-Kanada Freihandelsabkommen, das ebenfalls einen – zwar „gerichtsähnlicheren" – ISDS-Mechanismus beinhaltet, hat der EuGH aber klargestellt, dass das dort eingerichtete Investment-Court-System (ICS) mit Unionsrecht sehr wohl vereinbar ist.
📖 → CETA_EuGH Gutachten

239

Achmea (EuGH v. 6.3.2018 [Rs. C.284/16] Slowakische Republik ./. Achmea BV ECLI:EU:C:2018:158; 📖 → EuGH_Slowakische Republik v Achmea BV): Ausgangspunkt war ein bilaterales Investitionsschutzabkommen (BIT) zwischen der Slowakei und den Niederlanden. Wie in solchen Verträgen üblich sah das Abkommen zur Beilegung aller sich aus diesem Abkommen ergebenden Streitigkeiten ISDS vor. Ein auf dieser Grundlage angerufenes Schiedsgericht erließ einen Schiedsspruch der auf Schadenersatzanspruch für ein niederländischen Versicherungskonzerns Achmea BV gegen die Slowakische Republik lautete. Weil der Sitz des Schiedsgerichts in Deutschland gelegen ist, legte das von der Slowakei angerufene deutsche Gericht die Frage dem EuGH vor, ob dies überhaupt mit Unionsrecht vereinbar ist. Grund dafür ist – wie erwähnt – die Tatsache, dass alle Parteien des BIT seit dem 1. Mai 2004 Mitglieder der Europäischen Union geworden waren und damit Unionsrecht unterliegen. Daher erschien es zunächst zweifelhaft, ob dieser Schiedsspruch nicht gegen Art. 344 und Art. 267 AEUV verstößt und somit unwirksam ist.

240

> Der EuGH bejahte dies mit dem Hinweis, dass Art. 344 i. V. m. Art. 267 AEUV ein europäisches, autonomes Rechtssprechungssystem (EuGH, C-284/16, Rn. 33 ff., 59), welches alle Rechtsstreitigkeiten zur Auslegung des AEUV ausschließlich in die Hände des EuGHs legt, vorsehen. Ein auf Grundlage des BIT eingerichtete Schiedsgericht entscheidet über europäische Grundfreiheiten, insbesondere die der Niederlassungs- und der Kapitalverkehrsfreiheit, und damit über die Auslegung des AEUV i. S. d. Art. 344 AEUV. Auch sei dieses Schiedsgericht kein Gericht eines Mitgliedstaates, dessen Entscheidungen der Überprüfbarkeit durch den EuGH nach Art. 267 AEUV zugänglich sind. Das Schiedsgericht beruht auf Völkerrecht und ist daher nicht in den Verfassungen der Niederlande und Sloweniens verankert. Eine Überprüfung der Entscheidungen bezüglich Anwendung bzw. Auslegung von Unionsrecht ist daher dem Vorabentscheidungsverfahren nach Art. 267 AEUV entzogen.
> Hierin sah der EuGH einen Verstoß der Loyalitätsverpflichtungen der Mitgliedstaaten gegenüber der EU nach Art. 344 AEUV i. V. m. Art. 19 EUV (EuGH, C-284/16, Rn. 58 f.).
> Der Schiedsspruch war also wegen Verstoßes gegen Unionsrecht rechtswidrig und nichtig.

241 Wie der EuGH am 25. Januar 2022 entschieden hat, hat die Europäische Kommission zuständigkeitshalber auch zu prüfen, ob der Inhalt eines Investitionsschutzabkommens bzw. der auf ihn ergangene Schiedsspruch gegen das Unionsrecht verstößt.

242 Dem lag folgender Sachverhalt zugrunde:

> **EuGH v. 25.1.2022 (Rs C-638/19 P) Kommission/European Food**
> *Schweden und Rumänien schlossen ein bilaterales Investitionsschutzabkommen zu dem Zweck, Investitionen beider Staaten oder der ihnen zuzurechnenden privaten Investoren zu fördern und diese zu schützen. Gleichzeitig sahen sie darin die Möglichkeit vor ein Schiedsgericht zu Regelung etwaiger Meinungsverschiedenheiten einzusetzen. Art. 2 Abs. 3 des Abkommens garantiert insbesondere die faire und gerechte Behandlung aller Investition. Noch vor seinem Beitritt zur Europäischen Union (2005) hob Rumänien eine nationale steuerliche Anreizregelung zugunsten bestimmter Investoren auf.*

I. Allgemeines

> Da schwedische Investoren der Meinung waren, dass diese Maßnahme ihre Investition unfair und ungerecht behandle, schalteten sie das Schiedsgericht ein. Dieses sprach am 11. Dezember 2013 – also nach dem Beitritt Rumäniens zum 1. Januar 2007 – den schwedischen Investoren einen Schadenersatz wegen der Verletzung des Art. 2 Abs. 3 des Abkommens i. H. v. ca. 178 Mio. € zu.
>
> Die Europäische Kommission und der EuGH sieht in der Schadenersatzzahlung eine nach Art. 107 Abs. 1 AEUV unzulässige staatliche Beihilfe an die schwedischen Investoren.
>
> Diese unrechtmäßige Beihilfe floss auch in dem Zeitpunkt, zu dem Rumänien bereist Mitglied der Europäischen Union war, so dass die Kommission für diesen Beihilfeakt nach Art. 108 AEUV auch zuständig war. Denn über den Zeitpunkt der Beihilfegewährung entscheidet nach dem EuGH nicht der Zeitpunkt, in dem die nationale Steuervergünstigung aufgehoben wurde, sondern die Frage, wann nach nationalem Recht der Begünstigte einen **Rechtsanspruch** auf die Beihilfe erwirbt. Denn erst zu diesem Zeitpunkt tritt die Verpflichtung des Staates zur Gewährung der wettbewerbsschädlichen Beihilfe ein. Den Anspruch gewährt verbindlich der Schiedsgerichtsspruch vom 11. Dezember 2013.

Bedeutende Rechtsquellen des Internationales Investitionsschutzrechts

- Übereinkommen vom 18. März 1965 zur Beilegung von Investitionsstreitigkeiten zwischen Staaten und Angehörigen anderer Staaten (ICSID Convention)
- Vertrag über die Energiecharta vom 17. Dezember 1994
- Umfassendes Wirtschafts- und Handelsabkommen EU-Kanada (CETA)
- WTO Übereinkommen über handelsbezogene Investitionsmaßnahmen (TRIMS)
- Übereinkommen zur Schaffung der Multilateralen Investitionsgarantieagentur (MIGA) vom 11. Oktober 1985 (nicht in Kraft!)

9. Kapitel Internationales Umweltrecht

I. Entstehung und Entwicklung des internationalen Umweltrechts

243 Das internationale Umweltrecht hat im Gegensatz zu anderen Regelungsbereichen im Völkerrecht eine eher jüngere Geschichte. Neben einzelnen historischen Fällen, die internationale Schiedsgerichte beschäftigten (Trail Smelter, Lac Lanoux), begann die internationale Gemeinschaft erst vereinzelt, mit speziellen völkerrechtlichen Verträgen die Verschmutzung der Umwelt zu regeln (z. B. das Internationale Übereinkommen zur Verhütung der Meeresverschmutzung durch Öl; Rechtsvorschriften über die internationale Ölverschmutzung der Ozeane 1954; regionale Vertragswerke wie das afrikanische Übereinkommen über die Erhaltung der Natur und der natürlichen Ressourcen 1968 oder die Ramsar-Konvention über Feuchtgebiete 1971). Das Jahr 1972 war für diesen Rechtsbereich ein historisches Jahr, weil hier die erste internationale Regierungskonferenz über Umweltprobleme stattfand, die zum Abschluss der **Stockholmer Erklärung** der Konferenz der Vereinten Nationen über die menschliche Umwelt führte.

244 In den späten 1980er Jahren standen globale Umweltbedrohungen auf der Tagesordnung der internationalen Gemeinschaft, da wissenschaftliche Erkenntnisse die möglichen Folgen des Ozonabbaus, des **Klimawandels** und des Verlusts der biologischen Vielfalt aufzeigten. Es wurde erkannt, dass lokale Probleme zunächst grenzüberschreitende, dann regionale und schließlich globale Auswirkungen haben. 1996 erkannte der Internationale Gerichtshof zum ersten Mal an, dass es Regeln des allgemeinen internationalen Umweltrechts gibt und dass eine „allgemeine Verpflichtung der Staaten, dafür zu sorgen, dass bei Tätigkeiten, die ihrer Hoheitsgewalt und Kontrolle unterliegen, die Umwelt anderer Staaten oder von Gebieten, die sich der nationalen Kontrolle entziehen, respektiert wird, nunmehr Teil des internationalen Umweltrechts ist".

📖 → IGH-Gutachten über die Legalität der Androhung oder des Einsatzes von Nuklearwaffen

Seitdem sind die spezifischen Vertragsregeln komplexer und technischer geworden und Umweltfragen wurden zunehmend auch in andere Themenbereiche integriert (einschließlich Handel, Investitionen, geistiges Eigentum, Menschenrechte und das Recht der bewaffneten Konflikte). Die Konferenz der Vereinten Nationen über Umwelt und Entwicklung (UNCED) von 1992, die auch als „**Erdgipfel**" bekannt ist, bot der internationalen Gemeinschaft die Gelegenheit, sich darauf zu einigen, dass das Konzept der nachhaltigen Entwicklung ein erreichbares Ziel für alle Menschen auf der Welt darstellt, Umweltfragen Vorrang einzuräumen und ein umfangreiches und unübersichtliches Sammelsurium an internationalen rechtlichen Verpflichtungen zu konsolidieren. **245**

Das Ergebnis der UNCED war die **Erklärung von Rio über Umwelt und Entwicklung (**⚑ → Erklärung von Rio über Umwelt und Entwicklung), die eine Reihe von Grundsätzen enthält, die die Bedeutung der Erhaltung der Umwelt anerkennen und internationale Leitlinien dafür aufstellen. Die Rio-Erklärung dient als eine der Normen, nach denen die UN-Mitgliedstaaten ihre nationale und internationale Umweltpolitik ausrichten und nach denen sie untereinander Vereinbarungen abschließen oder Organisationen gründen, die sich auf die Umwelt und den **Umweltschutz** beziehen. **246**

Die Bedeutung entwicklungspolitischer Überlegungen immer mit Blick auf Nachhaltigkeit hat in den letzten Jahrzehnten zugenommen, vor allem nach dem Johannesburg-Gipfel 2002, dem Rio-Gipfel 2012 und in jüngster Zeit nach der Verabschiedung der Agenda 2030 für nachhaltige Entwicklung mit ihren siebzehn **Zielen für nachhaltige Entwicklung** (SDGs). Damit wurde eine konkrete Umsetzung in Angriff genommen. **247**

Bei der Charakterisierung des modernen internationalen Umweltrechts liegt der Schwerpunkt häufig auf dem Schutz der Umwelt *an sich* (im Wesentlichen für menschliche Zwecke, aber nicht nur als nützliche Ressource). **248**

II. Grundsätze des internationalen Umweltrechts

Die im Folgenden vorgestellten Grundsätze sind nur ein Teil der vielen anderen Prinzipien, die das internationale Umweltrecht ausmachen. Es ist davon auszugehen, dass die Grundsätze des internationalen Umweltrechts angesichts **249** der rasanten technologischen Entwicklung, des ständigen Wachstums der Weltbevölkerung und der Notwendigkeit, sich an den bereits stattfindenden Klimawandel anzupassen, erweitert und überprüft werden sollten.

250 **1. Schadensverhütung (die Pflicht zur Vermeidung grenzüberschreitender Verschmutzung).** Im Rahmen des traditionellen Völkerrechts wird die ausschließliche Zuständigkeit jedes Staates für sein eigenes Hoheitsgebiet respektiert. Das Völkerrecht verpflichtet jeden Staat dazu, einem anderen keinen Schaden zuzufügen. Diese Verpflichtung umfasst das unmittelbare Handeln eines Staates in seinem eigenen Hoheitsgebiet und die Pflicht eines jeden Staates, dafür zu sorgen, dass sein Hoheitsgebiet nicht in einer Weise genutzt wird, die anderen Ländern schadet. Die Verpflichtung, extraterritoriale Umweltschäden zu verhindern, geht auf das bereits erwähnte Trail Smelter-Schiedsverfahren zurück und wurde in Grundsatz 21 der Stockholmer Erklärung bekräftigt (📖 → Stockholmer Erklärung).

Trail Smelter Fall:
1935 betrieb ein in Kanada ansässiges Unternehmen (Beklagter) eine Zink- und Bleiverhüttungsanlage, die gefährliche Dämpfe (Schwefeldioxid) ausstieß, die nahe an der Grenze zum Bundesstaat Washington in den USA (Kläger) gelegen dort Schäden an Pflanzen, Boden und Ernteerträgen verursachte. In seiner in seiner ersten Entscheidung (1938) kam das eingesetzte Schiedsgericht zu dem Schluss, dass zwischen 1932 und 1937 ein Schaden entstanden war und ordnete die Zahlung einer Entschädigung von 78.000 Dollar als „vollständige und endgültige Entschädigung und Ausgleich für alle Schäden, die zwischen diesen Zeitpunkten entstanden sind" an.

📖 → Trail Smelter-Fall

251 Die Pflicht zur Vermeidung grenzüberschreitender Verschmutzung verlangt von jedem Staat, „**gebührende Sorgfalt**" walten zu lassen, d. h. vernünftig und in gutem Glauben zu handeln und öffentliche und private Aktivitäten zu regeln, die seiner Jurisdiktion oder Kontrolle unterliegen und die potenziell schädlich für einen Teil der Umwelt sind. Der Grundsatz verpflichtet nicht zu einer absoluten Verhinderung aller Schäden, sondern verlangt von jedem Staat ein Verbot von Tätigkeiten, von denen bekannt ist, dass sie der Umwelt erheblichen Schaden zufügen, wie z. B. die Verbringung von Giftmüll in einen internationalen See und eine Schadensbegrenzung bei rechtmäßigen Tätigkeiten, die der Umwelt schaden können, indem z. B. die Einleitung von Schadstoffen in die Atmosphäre oder in gemeinsame Wasserläufe.

2. Das „Verursacherprinzip". Der Grundsatz 16 der **Rio-Deklaration** (ähnlich der OECD-Empfehlungen 1972 und 1974) normiert das Verursacherprinzip (engl. **Polluter Pays Principle, PPP**): „Die einzelstaatlichen Behörden sollten sich bemühen, die Internalisierung der Umweltkosten und den Einsatz wirtschaftlicher Instrumente zu fördern, wobei der Ansatz zu berücksichtigen ist, dass der Verursacher grundsätzlich die Kosten der Verschmutzung tragen sollte, und zwar unter Berücksichtigung des öffentlichen Interesses und ohne Verzerrung des internationalen Handels und der Investitionen." Mit anderen Worten: Der Verursacher hat die Kosten für Maßnahmen zu tragen, zu denen er rechtlich verpflichtet ist, um die Umwelt zu schützen, z. B. Maßnahmen zur Verringerung der Schadstoffemissionen an der Quelle und Maßnahmen zur Vermeidung von Verschmutzung durch kollektive Behandlung von Abwässern aus einer umweltbelastenden Anlage und anderen Verschmutzungsquellen. Der Grundsatz gilt seit 1990 als „allgemeiner Grundsatz des internationalen Umweltrechts". 252

3. Der Grundsatz der gemeinsamen, aber differenzierten Verantwortlichkeiten. 253
Das Konzept der „gemeinsamen, aber differenzierten Verantwortung" (engl. **common but differentiated responsibilities, CBDR**) wird heute als ein Eckpfeiler der nachhaltigen Entwicklung angesehen. Alle in Rio verabschiedeten Texte enthalten eine Formulierung des Grundsatzes der gemeinsamen, aber differenzierten Verantwortung. So räumen die Prinzipien 6 und 7 der Rio-Erklärung den Bedürfnissen der am wenigsten entwickelten und am stärksten umweltgefährdeten Staaten Vorrang ein.

Zwar wird sowohl in der Stockholmer als auch in der Rio-Erklärung (Grundsatz 23 bzw. Grundsatz 11) ausdrücklich anerkannt, dass unterschiedliche nationale Entwicklungs- und Umweltkontexte für die Zwecke der Umweltstandards und -politik von Bedeutung sind. Der Status eines Entwicklungslandes an sich rechtfertigt jedoch keine Abschwächung der normativen Erwartungen. 254

4. Der Grundsatz der Öffentlichkeitsbeteiligung. Die **Öffentlichkeitsbeteiligung** beruht auf dem Recht derjenigen, die möglicherweise betroffen sind, bei der Festlegung ihrer ökologischen Zukunft ein Mitspracherecht zu haben. In der Erklärung von Rio über Umwelt und Entwicklung wurde ein solider Grundsatz für die Einbeziehung der Öffentlichkeit in umweltbezogene Entscheidungsprozesse festgelegt. Der Grundsatz besagt, dass der Zugang zu Informationen, die Öffentlichkeitsbeteiligung und der Zugang zu wirksamen Gerichts- und Verwaltungsverfahren, einschließlich Rechtsbehelfen und Rechtsmitteln gewährleistet sein sollten, weil „Umweltfragen am besten unter Beteiligung 255 aller betroffenen Bürger auf der jeweiligen Ebene behandelt werden". Die wichtigste Rolle, die die Öffentlichkeit beim Umweltschutz spielt, ist in der Regel die Beteiligung an Umweltverträglichkeits- oder anderen Genehmigungsverfahren.

256 Das umfassendste internationale Abkommen über die Rolle der Öffentlichkeit ist die sogenannte **Aarhus-Konvention 1998** (das regionale Übereinkommen über den Zugang zu Informationen, die Öffentlichkeitsbeteiligung und den Zugang zu Gerichten in Umweltangelegenheiten). In der Präambel heißt es: „Jeder Mensch hat das Recht, in einer seiner Gesundheit und seinem Wohlbefinden zuträglichen Umwelt zu leben, und die Pflicht, sowohl als Einzelner als auch in Gemeinschaft mit anderen die Umwelt zum Wohle der heutigen und künftiger Generationen zu schützen und zu verbessern." Die Aarhus-Konvention ist auch im Hinblick auf Verfahrensrechte von Bedeutung, da die Vertragsstaaten ein Einhaltungsverfahren eingerichtet haben, das als erstes Umweltabkommen Individualbeschwerden zulässt.

257 5. Das Prinzip der Generationengerechtigkeit. Generationengerechtigkeit ist ein weithin anerkannter Grundsatz des internationalen Umweltrechts, der die Erhaltung der natürlichen Ressourcen und der Umwelt zum Nutzen künftiger Generationen vorsieht. Er hat seine Wurzeln in der Stockholmer Erklärung und ist ein zentraler Grundsatz des Rahmens für nachhaltige Entwicklung.

258 Drei Prinzipien bilden die Grundlage der **Generationengerechtigkeit**. Erstens sollte jede Generation verpflichtet sein, die Vielfalt der natürlichen und kulturellen Ressourcen zu erhalten, sodass sie die Möglichkeiten künftiger Generationen, ihre Probleme zu lösen und ihre eigenen Werte zu befriedigen, nicht unangemessen einschränkt, und sie sollte auch Anspruch auf eine Vielfalt haben, die mit derjenigen früherer Generationen vergleichbar ist. Dieser Grundsatz wird als „Erhaltung der Optionen" bezeichnet. Zweitens sollte jede Generation verpflichtet sein, die Qualität des Planeten so zu erhalten, dass er nicht in einem schlechteren Zustand weitergegeben wird als in dem, in dem er erhalten wurde, und sie sollte auch Anspruch auf eine planetarische Qualität haben, die mit der vergleichbar ist, die frühere Generationen genossen haben. Dies ist der Grundsatz der „Erhaltung der Qualität". Drittens sollte jede Generation ihren Mitgliedern ein gleichberechtigtes Recht auf Zugang zum Erbe vergangener Generationen einräumen und diesen Zugang für künftige Generationen bewahren. Dies ist der Grundsatz der „Erhaltung des Zugangs".

III. Milieudefensie et al. gegen Royal Dutch Shell

Am 26. Mai 2021 fällte das Bezirksgericht Den Haag ein Urteil im Fall der Umwelt-NGO Milieudefensie *et alia* gegen Royal Dutch Shell (The Hague District Court, Milieudefensie et al. v Royal Dutch Shell plc, NL:RBDHA:2021:5339 (26 May 2021). Shell war 2018 mit einem Anteil von 2,16 % an den CO_2- und CH_4-Emissionen der sechstgrößte Verursacher der globalen Umweltverschmutzung. 259

Shell hat Anfang des Jahres im Vorfeld einer Aktionärsabstimmung über seinen Plan, bis 2050 ein kohlenstofffreies Energieunternehmen zu werden, seine neuesten Ziele für die Kohlenstoffemissionen bekannt gegeben. Shell hatte sich zum Ziel gesetzt, die Kohlenstoffintensität seiner Geschäfte und Produkte bis 2030 um 20 % und bis 2035 um 45 % zu senken. 260

Milieudefensie reichte eine Sammelklage gegen Shell ein, um das Unternehmen zu verpflichten, seine CO_2-Emissionspolitik in Einklang mit dem Pariser Klimaabkommen zu bringen. 261

Dieser Fall baut auf der bahnbrechenden Urgenda-Entscheidung (Dutch Supreme Court, *State of the Netherlands v Urgenda Foundation*, NL:HR:2019:2007 – 20 December 2019) auf, in der festgestellt wurde, dass die unzureichenden Maßnahmen der niederländischen Regierung zum Klimawandel eine Sorgfaltspflicht gegenüber ihren Bürgern verletzte. In der Klage gegen Shell dehnen die Kläger diese Argumentation auf Privatunternehmen aus und argumentieren, dass Shell angesichts der Ziele des Pariser Abkommens und der wissenschaftlichen Erkenntnisse über die Gefahren des Klimawandels eine Sorgfaltspflicht hat, Maßnahmen zur Reduzierung seiner Treibhausgasemissionen zu ergreifen. Die Kläger argumentierten, dass Shell es versäumt habe, ausreichende Maßnahmen zu ergreifen, um die von seinem gesamten Konzern verursachten Emissionen zu reduzieren, und damit gegen seine Sorgfaltspflicht verstoßen habe, einen gefährlichen Klimawandel durch seine Politik zu verhindern. 262

Die Kläger stützen ihr Argument der **Sorgfaltspflicht** auf die Bestimmung über „unerlaubte Handlungen" in Artikel 6:162 des niederländischen Bürgerlichen Gesetzbuchs, die durch die Artikel 2 und 8 der Europäischen Menschenrechtskonvention (EMRK) gestützt wird, die das Recht auf Leben (Art. 2) und das 263

Recht auf Privatleben, Familienleben, Wohnung und Korrespondenz (Art. 8) garantieren.

264 Der Gerichtshof stellte fest, dass das niederländische Recht nach der Rom II-Verordnung der EU anwendbar ist, da es „das Recht des Staates ist, in dem das Ereignis eingetreten ist, das zu dem [Umwelt-]Schaden geführt hat". Der Gerichtshof begründete dies damit, dass die von Shell (an seinem Hauptsitz in Den Haag) getroffenen politischen Entscheidungen zu den Ereignissen gehören, die zu den weltweiten Aktivitäten von Shell und den daraus resultierenden CO_2-Emissionen führen (§ 4.3.6).

265 Der materiellrechtliche Teil der Entscheidung stützt sich auf die Sorgfaltspflicht. Nach dem niederländischen Bürgerlichen Gesetzbuch ist diese Pflicht im Lichte dessen auszulegen, „was nach ungeschriebenem Recht als angemessenes soziales Verhalten zu betrachten ist" (§ 4.4.1).

266 Das Gericht stellte fest, dass Shell derzeit nicht gegen seine Reduktionsverpflichtung verstößt (§ 4.5.8). Da die Nachhaltigkeitspolitik von Shell viele Vorbehalte enthält und eher auf der Beobachtung gesellschaftlicher Entwicklungen als auf der eigenen Verantwortung des Unternehmens für die Erreichung einer CO_2-Reduktion beruht, stellte das Gericht fest, dass ein Verstoß gegen die Reduktionsverpflichtung unmittelbar bevorsteht (§ 4.5.3).

267 Daher hat das Gericht Shell sowohl direkt als auch über die Gesellschaften und juristischen Personen, die sie üblicherweise in ihre konsolidierten Jahresabschlüsse einbezieht und mit denen sie gemeinsam die Shell-Gruppe bildet, dazu verurteilt, das jährliche Gesamtvolumen aller CO_2-Emissionen in die Atmosphäre, die auf die Geschäftstätigkeit und die verkauften energieverbrauchenden Produkte der Shell-Gruppe zurückzuführen sind, so zu begrenzen oder begrenzen zu lassen, dass dieses Volumen Ende 2030 im Vergleich zu den Werten von 2019 um mindestens netto 45 % gesunken ist (§ 5.3).

268 Es gilt als das erste große Urteil in einem **Rechtsstreit zum Klimawandel** gegen ein Unternehmen und als wegweisendes Urteil im Umweltrecht im Zusammenhang mit dem Klimawandel: Während frühere Klagen gegen Regierungen wegen der Verbesserung von Emissionen gewonnen wurden, war dies die erste größere Klage, die ein Unternehmen zur Einhaltung der Bestimmungen des Pariser Abkommens verpflichtete.

III. Milieudefensie et al. gegen Royal Dutch Shell

269

Obwohl die Entscheidung nur für die Niederlande gilt, wird erwartet, dass sie einen Präzedenzfall für andere Umweltklagen gegen andere große Unternehmen mit hohen Emissionen darstellt, die keine ausreichenden Schritte zur Reduzierung ihrer Emissionen unternommen haben.

Shell hat jedoch angekündigt in Berufung zu gehen. Ein Urteil des Berufungsgerichts steht noch aus.

Derzeit wird im Rahmen der Diskussion rund um Klima- und Umweltschutz die Einführung eines völkerrechtlichen Straftatgestands „**Ökozid**" diskutiert. Der Begriff „Ökozid" (engl. Ecocide) wurde bereits 1970 erstmals gebraucht und 2021 erarbeitete eine Gruppe unabhängiger ExpertInnen folgende Definition:

„Für die Zwecke dieses Statuts bedeutet 'Ökozid' rechtswidrige oder vorsätzliche Handlungen, die in dem Wissen begangen werden, dass eine erhebliche Wahrscheinlichkeit besteht, dass durch diese Handlungen ein schwerer und entweder weit verbreiteter oder langfristiger Schaden für die Umwelt verursacht wird."

Eine tatsächliche Einführung dieses Straftatbestandes in das Statut des Internationalen Strafgerichtshofs erscheint derzeit wenig erfolgsversprechend. Auch merkten Kritiker an, dass neben schwierigen rechts-technischen Fragen (anstatt der sonst geforderten Kausalität einer Handlung für einen Erfolg tritt laut dieser Definition die „erhebliche Wahrscheinlichkeit") offenbleibt, ob dieser Vorstoß eine präventive Wirkung entfalten würde.

Einige Staaten, wie bspw. Vietnam, die Ukraine oder Moldawien, haben einen Straftatbestand des Ökozids in ihr nationales Recht aufgenommen.

Bedeutende Rechtsquellen des Internationalen Umweltrechts

Internationale Zusammenarbeit
- UNEP (Umweltprogramm der Vereinten Nationen) (1972)
- ENMOD-Konvention (1976)
- Aarhus-Konvention (Übereinkommen über den Zugang zu Informationen, die Öffentlichkeitsbeteiligung an Entscheidungsverfahren und den Zugang zu Gerichten in Umweltangelegenheiten) (1998)
- North American Agreement on Environmental Cooperation (NAAEC) (Nordamerikanisches Abkommen über die Umweltzusammenarbeit)

Klimaschutz
- Wiener Übereinkommen zum Schutz der Ozonschicht (1985)
- Montreal-Protokoll (Montreal-Protokoll über Stoffe, die zu einem Abbau der Ozonschicht führen) (1987)
- Klimarahmenkonvention (UNFCCC) (1992)
- Kyoto-Protokoll (1997)
- Asiatisch-Pazifische Partnerschaft für saubere Entwicklung und Klima (AP6) (2005)
- Erklärung von Cebu über die ostasiatische Energiesicherheit (2007)
- Western Climate Initiative (WCI)
- Übereinkommen von Paris (2015)
- Europäisches Landschaftsübereinkommen (Landschaftskonvention, Florenz-Konvention) (2000)

Biodiversität
- Internationales Übereinkommen zur Regelung des Walfangs (1946)
- ICCAT (Internationale Konvention zur Erhaltung der atlantischen Thunfische) (1966)
- Ramsar-Konvention (Übereinkommen über Feuchtgebiete, insbesondere als Lebensraum für Wasser- und Watvögel, von internationaler Bedeutung) (1971)
- Washingtoner Artenschutzabkommen (CITES) (1973)
- Berner Konvention (Übereinkommen über die Erhaltung der europäischen wild lebenden Pflanzen und Tiere und ihrer natürlichen Lebensräume) (1979)
- Bonner Konvention (Übereinkommen zur Erhaltung der wandernden wildlebenden Tierarten) (CMS) (1979)
- Abkommen zur Erhaltung der Seehunde im Wattenmeer (1990)
- Abkommen zur Erhaltung der europäischen Fledermauspopulationen (EUROBATS) (1991)
- Abkommen zur Erhaltung der Kleinwale der Nord- und Ostsee, des Nordostatlantiks und der Irischen See (ASCOBANS) (1991)
- Abkommen zur Erhaltung der afrikanisch-eurasischen wandernden Wasservögel (AEWA) (1995)

- Übereinkommen zum Schutz der Wale des Schwarzen Meeres, des Mittelmeeres und der angrenzenden Atlantischen Zonen (ACCOBAMS) (1996)
- Übereinkommen zum Schutz der Albatrosse und Sturmvögel (ACAP) (2001)
- Abkommen zur Erhaltung der Gorillas und ihrer Lebensräume (Gorilla Agreement) (2007)
- Internationales Tropenholz-Übereinkommen (1983)
- Biodiversitätskonvention (Übereinkommen über die biologische Vielfalt) (CBD) (1992)
- Espoo-Konvention (Übereinkommen über die Umweltverträglichkeitsprüfung im grenzüberschreitenden Rahmen) (1991)
- SEA-Protokoll (Protokoll über die strategische Umweltprüfung zum Übereinkommen über die Umweltverträglichkeitsprüfung im grenzüberschreitenden Rahmen) (2003)

Meeresschutz
- Internationale Seeschifffahrts-Organisation (IMO) (1948)
- Londoner Konvention (Übereinkommen über die Verhütung der Meeresverschmutzung durch das Einbringen von Abfällen und anderen Stoffen) (1972)
- Internationales Übereinkommen zur Verhütung der Meeresverschmutzung durch Schiffe (MARPOL) (1973)
- Seerechtsübereinkommen der Vereinten Nationen (SRÜ) (1982)
- Wattenmeerkooperation (Trilaterale Kooperationserklärung zum Schutz des Wattenmeeres) (1982)
- Internationale Nordseeschutzkonferenz (INK) (1984)
- Internationales Übereinkommen über Schutzvorkehrungen, Gegenmaßnahmen und Zusammenarbeit bei Ölverschmutzungen (OPRC) (1990)
- Übereinkommen über die Erhaltung und Bewirtschaftung von gebietsübergreifenden Fischbeständen und Beständen weit wandernder Fische (1995)
- Ballastwasser-Übereinkommen (2004)

Binnen-Wasserschutz
- Wasser-Konvention (Übereinkommen zum Schutz und zur Nutzung grenzüberschreitender Wasserläufe und internationaler Seen) (1992)

Abfall-Verschmutzung
- Basler Übereinkommen (Basler Übereinkommen über die Kontrolle der grenzüberschreitenden Verbringung gefährlicher Abfälle und ihrer Entsorgung) (1989)
- Bamako-Konvention (1991)

Atomare Verschmutzung
- Übereinkommen über nukleare Sicherheit (IAEO) (1994)
- Kernwaffenteststopp-Vertrag (CTBT) (1996)
- Vertrag zum Verbot von Nuklearwaffentests in der Atmosphäre, im Weltraum und unter Wasser (NTBT oder PTBT) (1963)

Schadstoff-Verschmutzung
- Genfer Konvention (Übereinkommen über weiträumige grenzüberschreitende Luftverunreinigung (CLRTAP)) (1979)
- Protokoll betreffend die langfristige Finanzierung des Programms über die Zusammenarbeit bei der Messung und Bewertung der weiträumigen Übertragung von luftverunreinigten Stoffen in Europa (EMEP) (1984)
- Protokoll betreffend die Verringerung von Schwefelemissionen oder ihres grenzüberschreitenden Flusses um mindestens 30 von Hundert (1985)
- Protokoll betreffend die Bekämpfung von Emissionen von Stickstoffoxiden oder ihres grenzüberschreitenden Flusses (1988)
- Protokoll betreffend die Bekämpfung von Emissionen flüchtiger organischer Verbindungen oder ihres grenzüberschreitenden Flusses (1991)
- Protokoll betreffend die weitere Verringerung von Schwefelemissionen (1994)
- Protokoll betreffend persistente organische Schadstoffe (POP Protokoll) (1998)
- Protokoll betreffend Schwermetalle (1998)
- Protokoll zur Bekämpfung von Versauerung, Eutrophierung und bodennahem Ozon (1999)

III. Milieudefensie et al. gegen Royal Dutch Shell

- TEIA (Übereinkommen über die grenzüberschreitenden Auswirkungen von Industrieunfällen) (1992)
- Rotterdamer Übereinkommen über das Verfahren der vorherigen Zustimmung nach Inkenntnissetzung für bestimmte gefährliche Chemikalien sowie Pflanzenschutz- und Schädlingsbekämpfungsmittel im internationalen Handel (PIC) (1998)
- Stockholmer Übereinkommen über persistente organische Schadstoffe (POP-Konvention) (2001)
- PRTR (Protokoll über Emissions- und Transferregister von Schadstoffen) (2003)

10. Kapitel Staatenverantwortlichkeit und Sanktionen

I. Staatenverantwortlichkeit

270 Ein Staat ist für eine Handlung oder eine Unterlassung, die dem Staat nach Völkerrecht zurechenbar ist und eine Verletzung einer völkerrechtlichen Verpflichtung des Staates begründet, verantwortlich. Die völkerrechtlichen Regelungen dazu wurden 2001 von der **Völkerrechtskommission** (ILC) in einem Entwurf für eine Kodifikationskonvention zusammengefasst, die zwar noch nicht in Kraft getreten ist, aber überwiegend Völkergewohnheitsrecht darstellt.

📖 → Verantwortlichkeit von Staaten für völkerrechtswidriges Handeln

📖 → Verantwortlichkeit von Internationalen Organisationen

271 Verantwortlichkeit bedeutet, für die **Völkerrechtsverletzung** einstehen zu müssen. In der Praxis verlangt dies Genugtuung und (im Falle eines Schadens) Wiedergutmachung. Letztere erfordert vorrangig die Widerherstellung des vorherigen Zustandes; wenn dies nicht möglich ist, die Leistung eines angemessenen Schadenersatzes.

272 Bei gewissen **Rechtfertigungsgründen** ([gültige] Einwilligung des verletzten Staates, Selbstverteidigung im Einklang mit Art. 51 SVN, Gegenmaßnahme, Höhere Gewalt, Notlage, Notstand), bei denen die gerechtfertigte Handlung direkt in die Rechtssphäre eines anderen Staates oder von Menschen eingreift, ist der entstehende Schaden trotz Rechtfertigung wieder gutzumachen.

273 Ein **Verschulden** (wie dies im Privatrecht bei Schadenersatzansprüchen zu prüfen wäre) ist nicht beachtlich. Im Völkerrecht gilt ein objektiver Sorgfaltsmaßstab (due diligence).

274 Voraussetzungen für die Staatenverantwortlichkeit sind einerseits das Vorliegen einer Völkerrechtsverletzung und andererseits die Zurechenbarkeit dieser Verletzung des betreffenden Staates.

> **Voraussetzungen der Staatenverantwortlichkeit:**
> - Völkerrechtsverletzung
>   – Tun oder Unterlassen
>   – Primäre Völkerrechtsnorm verletzt
>   – Dauerdelikt oder Nicht-Dauerdelikt
> - Zurechenbarkeit
>   – Organe
>   – Stellen mit hoheitlichen Befugnissen
>   – Privatpersonen, wenn beauftragt und kontrolliert, oder wenn Staat Verhalten nachträglich anerkennt und annimmt
>
> ⚖ → IGH_Teheraner Geisel-Fall

II. Sanktionen des Völkerrechts

275 Wie erwähnt, sind im Völkerrecht Rechtserzeugung und Rechtsvollziehung einschließlich der Rechtsdurchsetzung dezentralisiert (Koordinationsrecht). Das bedeutet, dass im Völkerrecht im Falle einer Verletzung der Verletzte sein Recht selbst durchsetzen muss und damit auf Selbsthilfe angewiesen ist. Nur bei Verletzungen des *ius cogens* kennt das Recht der Staatenverantwortlichkeit auch eine Durchsetzung durch die internationale Gemeinschaft als Ganze. Ähnliches gilt im Zusammenhang mit Verpflichtungen „erga omnes".

276 Zu den Mitteln der erlaubten Selbsthilfe zählen Retorsion und Gegenmaßnahme (früher: Repressalie) einerseits sowie die Selbstverteidigung (Notwehr) andererseits.

277 Unter **Retorsion** versteht man ein zwar rechtmäßiges aber unfreundliches Verhalten in Reaktion auf Verhalten anderer Staaten.

> **Beispiele für Retorsionen:** **278**
> - die Erschwerung des Reiseverkehrs durch Einführung eines Visumzwanges,
> - die Sperre von (freiwilliger) Entwicklungshilfe,
> - der Abbruch der diplomatischen und konsularischen Beziehungen.

10. Kapitel Staatenverantwortlichkeit und Sanktionen

279 Die **Gegenmaßnahme** hingegen greift in ein ansonsten geschütztes völkerrechtliches Rechtsgut eines anderen Staates ein, wäre also – isoliert betrachtet – völkerrechtswidrig. Der Eingriff ist aber als Gegenmaßnahme – unter bestimmten Voraussetzungen – aber gerechtfertigt, um Rechtsverletzungen eines anderen Staates zu ahnden oder zur Durchsetzung von Ansprüchen aus der Staatenverantwortlichkeit.

280 Eine Gegenmaßnahme darf aber erst dann angewendet werden, wenn der verletzte Staat den Rechtsbrecher zur Beendigung des völkerrechtswidrigen Zustandes bzw. zur Wiedergutmachung aufgefordert und die Maßnahmen angekündigt hat.

281 Für das Ergreifen von Gegenmaßnahmen gilt das **Proportionalitätsprinzip**. Die Gegenmaßnahme muss daher angemessen sein und somit im Verhältnis zur vorangegangenen Verletzung stehen. Andernfalls liegt ein **Repressalienexzess** vor, gegen den wiederum der andere Staat seinerseits Gegenmaßnahmen ergreifen darf.

282 Absolute Grenze der Gegenmaßnahmen ist natürlich das allgemeine Gewaltverbot der SVN. Militärische Mittel dürfen daher nicht ergriffen werden. Dadurch wird das Recht auf Selbstverteidigung (Art. 51 SVN) jedoch nicht eingeschränkt. Das heißt, dass der verletzte Staat dann zu militärischen Mitteln greifen darf, wenn dieser selbst angegriffen wurde (bis das System der kollektiven Sicherheit der SVN greift).

📖 → Kriegsvölkerrecht

283 Schließlich besteht eine sogenannte **Schutzverantwortung** (engl. Responsibility to Protect) im Völkerrecht, wenn die Rechtsverletzung in einer schwerwiegenden und anhaltenden Verletzung der Menschenrechte besteht. Sollte der betroffene Staat nicht fähig oder willens sein, diese schwerwiegenden und anhaltenden Rechtsverletzungen zu unterbinden, geht diese Schutzverantwortung auf die internationale Staatengemeinschaft über, die (politisch) dazu angehalten ist, im Rahmen der UNO (insbesondere durch Tätigwerden des UN-Sicherheitsrates) Maßnahmen zu ergreifen.

📖 → 2005 World Summit Outcome

II. Sanktionen des Völkerrechts

Gegenmaßnahme (formelle Voraussetzungen):
- Aufforderung, Verletzung zu beenden;
- Ankündigen und Verhandlungen anbieten (außer bei Dringlichkeit zur Wahrung der Rechte);
- nur, solange die Verletzung andauert;
- nicht, wenn Streit bei Gericht anhängig (außer, der Staat wendet Streitbeilegungsverfahren nicht nach Treu und Glauben an);
- sind zu beenden, wenn Staat seine Verpflichtungen erfüllt hat.

Gegenmaßnahme (materielle Voraussetzungen):
- Verhältnismäßigkeit: zwischen Schwere der Verletzung und Eingriff in Rechte;
- Wiederaufnahme der betreffenden Verpflichtung soll möglich bleiben;
- keine Verletzung des Gewaltverbots;
- keine Verletzung grundlegender Menschenrechte;
- keine Verletzung des humanitären Völkerrechts;
- keine Verletzung anderer ius cogens-Normen;
- keine Verletzung von Streitbeilegungsnormen;
- keine Verletzung des Diplomaten- und Konsularrechts.

Bedeutende Rechtsquellen im Bereich der Staatenverantwortlichkeit und Sanktionen

- International Law Commission, Verantwortlichkeit der Staaten für völkerrechtswidrige Handlungen vom 12. Dezember 2001
- International Law Commission, Draft articles on the responsibility of international organizations (DARIO) UN Doc A/66/10, 2011 https://legal.un.org/ilc/texts/instruments/english/draft_articles/9_11_2011.pdf (Stand: 31.1.2022)

11. Kapitel IPR

I. Das Internationale Privatrecht (IPR)

284 Zahlreiche Juristen setzen in ihrer Ausbildung beim internationalen Privatrecht (IPR) „auf Lücke!".

285 Der Grund hierfür liegt wohl darin, dass sich oft nur Spezialisten mit diesem Fachgebiet auseinandersetzen, die dann nicht zu den Prüfern rechnen, dass das **IPR** noch vor wenigen Jahren aus einer wirren Kombination aus lateinischen Termini mit fruchtlosen juristischen Diskussionen bestand und zudem die Schilderung der akademischen IPR-Standardfälle eher an die Kategorie von Witzen erinnert, in denen *ein Amerikaner, ein Chinese und ein Deutscher* ...

286 Das generelle Desinteresse an dem IPR rechtfertigt allerdings die Abstraktheit des IPR. So regelt das IPR nicht – wie etwa das Erbrecht, Kaufrecht oder Familienrecht – die materiellen Ansprüche des Käufers, Verkäufers, Erblassers oder Ehegatten. Vielmehr beantwortet es allein die Frage, welches nationale Recht zur Regelung eines grenzüberschreitenden Konfliktes überhaupt zur Geltung kommt. Damit stellt das IPR so etwas wie ein „**Meta-Recht**" dar.

> IPR ist – abgesehen von einzelnen Sonderfällen, wie etwa dem UN-Kaufrecht – nur ein Rechts- bzw. **Rechtsordnungszuweisungsrecht.**

287 Es liegt aber gerade an der Abstraktheit des IPR, einen vollkommenen neuen, vertiefenden und damit weiterführenden Blick auf das bisher erworbene Verständnis des „Rechts" zu ermöglichen. Gerade die aktuelle **Europäisierung** und Globalisierung erfordern ferner die rechtsfehlerfreie Behandlung grenzüberschreitender Rechtskonflikte.

288 Zahlreiche völkerrechtliche wie gesellschaftliche Problemstellungen (wie **TTIP**) erscheinen ohne die Kenntnis des IPR weder verständlich noch vermittelbar. Schon heute ist das IPR daher kein akademischer Theorienstreit, sondern eine weitgehend durch das Internationale, das Europäische und das Völkerrecht durchstrukturierte Rechtsmaterie, ohne die ein grenzüberschreitender Austausch von Gütern, Dienstleistungen, Ideen und privatrechtlichen Kontakten nicht mehr möglich wäre.

> Ziel dieser Darstellung ist es, – auf engstem Raum – Grundprinzipien und das Grundverständnis des aktuellen IPR dem interessierten Leser nahezubringen, um ihn für Prüfungen, Studium, aber auch für die Praxis, auf ein zunehmend bedeutender werdendes Rechtgebiet, vorzubereiten.

II. Internationales Privatrecht und Völkerrecht

Bislang hat die Literatur kaum das Verhältnis vom **Völkerrecht** bzw. **Wirtschaftsvölkerrecht** zu dem Internationalen Privatrecht thematisiert. Dabei liegt dies deutlich auf der Hand. Denn das IPR verweist immer auf ein allgemein verbindliches Recht eines anderen souveränen Staates bzw. Hoheitsträgers (BGH, ZIP 2009, 2385 ff. ⚓; BGH FamRZ 1993, S. 1051 ff., Rn. 7 m. w. H.; auch: BGHZ 177, 237, Rn. 12 m. w. H. ⚓) und bringt dieses oder sein eigenes Recht verbindlich in Konflikten zur Anwendung, die einen oder mehrere andere Hoheitsträger betreffen. Die Festlegung, welches nationale Recht in einem **grenzüberschreitenden** Konflikt zur Anwendung kommt, greift daher in die Regelungshoheit jenes Staates ein, dessen Recht keine Anwendung findet (auch: BGHZ 169, 240 ff., Rn. 57 m. w. H. ⚓). **289**

Deutlich wird dieser völkerrechtliche Bezug auch durch das insbesondere seit den Achtzigerjahren verstärkt einsetzende Bedürfnis, dem IPR nicht die Anwendung einzelner nationaler Regelungen zu überlassen, sondern seine Fragestellungen auf multinationaler Ebene in Gestalt von Staatsverträgen bzw. multilateralen Regelungswerken zu lösen: Beispielhaft hat das europäische Recht mittels folgender Verordnungen die Frage beantwortet, welches nationale Recht bei einer grenzüberschreitenden Fallkonstellation gelten soll. **290**
1. EU-Verordnung 593/2008 (Rom I-VO) für vertragliche Schuldverhältnisse ⚓
2. EU-Verordnung 864/2007 (Rom II-VO) für nichtvertragliche Schuldverhältnisse ⚓
3. EU-Verordnung 1259/2010 (Rom III-VO), Ehescheidungs-VO ⚓
4. EU-Verordnung 4/2009, Unterhaltssachen-VO ⚓
5. EU-Verordnung 650/2012 (EuErbVO), Erbsachen-VO ⚓

291 Europäische Verordnungen wie internationale Übereinkommen regeln auch **prozessuale Fragen** eines grenzüberschreitenden Konflikts.
1. Europäisches Gerichtsstands- und Vollstreckungsübereinkommen (EuGVÜ), Brüsseler Übereinkommen 📥
2. EU-Verordnung 1348/2000, Zustellung in Zivil- und Handelssachen (EuZustellungsVO) 📥
3. EU-Verordnung 1206/2001, Beweisaufnahme in Zivil- und Handelssachen (EuBeweisVO) 📥
4. EU-Verordnung 1215/2012, Vollstreckung in Zivil- und Handelssachen (EuGVVO oder Brüssel-Ia) 📥
5. EU-Verordnung 861/2007, geringfügige Forderungen 📥
6. EU-Verordnung 805/2004, Europäischer Vollstreckungstitel für unbestrittene Forderungen (EuVTVO) 📥
7. EU-Verordnung 1896/2006. Europäisches Mahnverfahren 📥
8. Lugano-Übereinkommen (LugÜ), abgeschlossen in Lugano am 30. Oktober 2007 📥
9. EU-Verordnung 1346/2000 über Insolvenzverfahren (EuInsolvenzVO) 📥
10. EU-Verordnung 2016/1103, eheliche oder lebensgemeinschaftliche Güterstands-VO (EheGüVO oder Brüssel IIa) 📥
11. New Yorker Übereinkommen über die Anerkennung und Vollstreckung ausländischer Schiedssprüche (New Yorker Übereinkommen" bzw. „New York Convention") 📥

292 Hierüber hinaus erlauben zahlreiche bi- wie multilaterale **Staatsverträge** die materiellrechtliche Lösung eines grenzüberschreitenden Konfliktes.
- UN-Kaufrecht (CISG) 📥
- Factoring Übereinkommen 📥
- Haager Protokoll vom 23. November 2007 (HPU) 📥

> Den allgemeinen nationalen Rechts-Zuweisungsnormen gehen die europäischen und jene internationalen Regelungen vor, die den grenzüberschreitenden Konflikt bereits regeln.
> Das UN-Kaufrecht „fängt" aus diesem Grund bereits grenzüberschreitende Konflikte des Kaufrechts vor deren Bewältigung durch Art. 3 EGBGB bzw. Art. 3 bzw. 4 Rom I-VO ab.

II. Internationales Privatrecht und Völkerrecht

Nicht anwendbar ist allerdings das UN-Kaufrecht etwa dann, wenn es im Rechtsstreit um
- einen **Verbrauchsgüterkauf** (Art. 2 lit. a UN-Kaufrecht),
- **Dienstleistungen/Werkverträge** (Art. 3 Abs. 2 UN-Kaufrecht) (auf **Werklieferungsverträge** [Art. 3 Abs. 1 UN-Kaufrecht] bleibt das UN-Kaufrecht allerdings anwendbar),
- **Gültigkeitsregelungen** zum Kauf (Art. 4 lit. a UN-Kaufrecht) oder um
- die **Eigentumswirkungen** eines Kaufvertrages (Art. 4 lit. b UN-Kaufrecht) geht.

Keine Anwendung findet das UN-Kaufrecht zudem, wenn die Parteien seine **Geltung abbedingen** (Art. 6 UN-Kaufrecht).
Zu Übungsfällen zum UN-Kaufrecht/CISG siehe ♣.

1. Welches IPR? Es existiert nicht nur ein IPR. Vielmehr besitzen nahezu **alle nationalen Rechtsordnungen** ihr eigenes IPR. **293**

Welches dieser nationalen IPR jeweils zur Anwendung kommt, entscheidet das Gericht, das der Rechtssuchende als erstes anspricht *(lex fori)*, d. h. vor dem er Klage erhebt bzw. einen Antrag (etwa auf Feststellung des Bestehens eines Rechtsverhältnisses) stellt. **294**

Mit der „Wahl" eines Gerichtes **lex fori** hat es also der Rechtsuchende in der Hand, ein jeweiliges nationales IPR zur Anwendung zu bringen, sog. „**forum shopping**".

Beispiel: **295**
In der Unternehmenspraxis spielt die Wahl des *lex fori*-Gerichtes insbesondere im Gesellschaftsrecht eine bedeutende Rolle:
Während Art. 154 des Schweizer IPRG die sog. *Gründungstheorie*, also das nationale Recht präferiert, nach dem die Gesellschaft sich gegründet hat bzw. organisiert ist, gilt u. a. im deutschen Recht weitgehend die *Sitztheorie* (BGHZ 97, 269 ff., 271; BGH NJW 2009, 289 (Trabrennbahn); siehe: BGH, ZIP 2009, 2385 ff.).

Nach der *Sitztheorie* entscheidet über die Geltung nationalen Sachrechtes der **Verwaltungssitz** der Gesellschaft. Die Wahl eines schweizerischen oder eines deutschen Gerichts *(lex fori)* zur Beantwortung eines grenzüberschreitenden deutsch/schweizerisch **Gesellschaftsrechtskonfliktes** kann somit für das spätere materiellrechtliche Ergebnis von entscheidender Bedeutung sein. **296**

297 Zur Frage, inwieweit beide Theorien mit der **Niederlassungsfreiheit** der Art. 49 ff. AEUV (noch) konform sind, siehe die Übersicht zur umfangreichen Rechtsprechungshistorie des EuGH .

 Die Ausübung einer solchen „Wahl-Möglichkeit" ist nach überwiegender Meinung nicht rechtsmissbräuchlich, entspricht sie doch dem allgemeinen IPR und damit den zulässigen Handlungsalternativen der Parteien.

298 **2. Verweisungstechniken.** Das so aufgerufene nationale IPR (*lex fori*) kann einmal verweisen
- auf das einschlägige **nationale Sachrecht** (*lex causae*),
  - etwa auf das französische Eherecht (Art. 756 ff. Code Civil [Fr.]), das griechische Erbrecht (Art. 28 ZGB [Gr.] Astikos Kodikas), das finnische Handelsvertreterrecht (§ 1 ff. Laki kauppaedustajista ja myyntimiehistä), die englische Form-Anforderungen beim Immobilienkauf (sec. 2 Abs. 1 Law of Property [Miscellaneous Provisions i.V.m. sec. 23 Law of Property Act – 1969 –]), das deutsche Eigentumsübertragungsrecht an bew. Sachen (§ 929 ff. BGB),

  das die materiell rechtliche Fragestellung lösen soll (siehe: Art. 20 Rom I-VO, Art. 24 Rom II-VO, Art. 11 Rom III-VO), oder
- auf das **IPR eines anderen Staates** (z. B. Belgien Art. 16 belg. IPR [lois v. 16.7.2004]).
- Das aufgerufene nationale IPR (*lex fori*) kann aber auch auf das gesamte nationale Recht und damit auch auf ein anderes **nationales IPR** verweisen. Dies ist in den meisten nationalen IPR-Rechtsordnungen der Regelfall (z. B. Österreich: Art. 14 IPRG; Schweiz: Art. 14 IPRG; Deutschland: Art. 4 Abs. 1 Satz 1 EGBGB).
- Wenn das IPR der *lex fori* auf ein anderes nationales IPR verweist, so kann letzteres

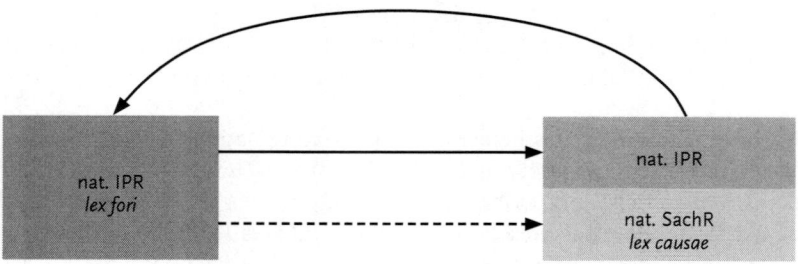

- die materiellrechtliche Lösung einem bestimmten nationalen Sachrecht *(lex causae)* zuweisen, oder
- wiederum die Sache einem anderen nationalen Recht, d. h. einem **anderen nationalen IPR**, zuweisen.
- Verweist das durch das *lex fori*-IPR aufgerufene IPR wieder an das *lex fori*-IPR zurück *(renvoi)*, entsteht durch diese Rückverweisung ein unauflöslicher Zirkel.
- Das deutsche IPR löst dieses Problem, indem es die Rückverweisung an das *lex fori*-Gericht für bindend hält und diesem so dessen erneute **Rücküberweisung** ausschließt (Art. 4 EGBGB).

Nach Art. 4 EGBGB bleibt es also bei der Anwendung des lex fori-Gerichts-Rechtes.

Art. 20 Rom I-VO, Art. 24 Rom II-VO, Art. 11 Rom III-VO schließen demgegenüber eine Weiterverweisung aus und belassen so die Entscheidung bei dem – durch das lex fori-Gericht – aufgerufenen nationalen (fremden) Recht.

III. Auffinden einer passenden Kollisionsnorm: Die Qualifikation

Mithilfe der sog. **Qualifikation** ordnet der Rechtsanwender einen juristischen Sachverhalt einer (bestimmten) **Kollisions-** bzw. **Rechtszuweisungsnorm** des IPR zu.

299

Da nicht jeder Sachverhalt 100%ig zu einer bestimmten **Kollisionsnorm** passen muss, ist hier die Frage, unter welchen der im IPR (*lex fori*) vorkommenden Kollisionsnorm Tatbestand der Sachverhalt am ehesten zu subsumieren ist. Dies erfordert neben dem exakten Verständnis des Sachverhalts gerade auch die genaue Beschreibung des von der Kollisionsnorm behandelten Rechtsgebietes; des sog. *Systembegriffes*, wie etwa den der *„Geschäftsfähigkeit"* (Art. 7 EGBGG), der *„unerlaubten Handlung"* (Art. 38 EGBGB), der *„Produkthaftung"* (Art. 5 Rom II-VO) oder der *„Vertriebsverträge"* (Art. 4 lit. f Rom I-VO), der *„Ehescheidung"* (Art. 8 Rom III-VO) etc. Bei der Qualifikation können theoretisch drei Probleme auftreten:

300

301 **1. Der Lebenssachverhalt enthält ein dem Recht des angerufenen Gerichts (lex fori) unbekanntes Rechtsinstitut. – a) Beispiel 1.** Wie auch andere romanische Rechtsordnungen kennt das italienische Recht (Art. 151 CC [It] i. V. m. Art. 706 ff. Cod. di Procedura Civile [CPC – It]) das Institut der *„separazione giudicale"*. Dieses Institut setzt die ehelichen Pflichten bei einer *„Trennung von Tisch und Bett"* nur aus, ohne die Ehe – wie im deutschen Recht §§ 1565, 1566 BGB – durch Scheidung zu beenden.

302 Liegt also eine *separazione giudicale* vor, stellt sich die Frage, ob diese Ehe unter die Kollisionsnorm zur Regelung der „allgemeinen Ehewirkungen" (Art. 14 EGBGB) oder unter die der **„Scheidung"** Art. 17 EGBGB zu subsumieren ist. Zur Beantwortung dieser Frage ist der Charakter und insbesondere die Funktion des ausländischen Rechtsinstituts mit denen der einschlägigen inländischen Rechtsinstitute zu vergleichen (*institutioneller Funktionsvergleich*). Laut BGH (BGHZ 47, 324 ff.) besteht im Fall der *separazione giudicale* eine größere inhaltliche und funktionale Nähe zur „Scheidung". Nach dieser Qualifikation kam zur Zuweisung eines bestimmten nationalen Rechts die Kollisionsnorm des Art. 17 EGBGB zur Anwendung.

Seit 2010 löst diese Problematik die Kollisionsnorm des Art. 8 Rom III-VO identisch.

303 **b) Beispiel 2.** Mit der noch heute im Iran üblichen „Morgengabe" erhält die Braut bei ihrer Hochzeit Vermögen, dass sie im Fall ihrer Scheidung finanziell absichert.

304 Hier stellt sich die Frage, ob das dem deutschen IPR fremde Rechtsinstitut der *Morgengabe* **unterhaltsrechtlich** (dann: Art. 3, 15 EU-Verordnung 4/2009 [Unterhaltssachen-VO]), *scheidungsrechtlich* (dann: Art. 17 EGBGB bzw. Art. 8 Rom III-VO), *ehefolgenrechtlich* (dann: Art. 14 EGBGB) oder *erbrechtlich* (Art. 21 Abs. 1 EuErbVO [= VO 650/2012]; vormals Art. 25 EGBGB a. F. i. V. m. Art. 4 bzw. Art. 20 ff. EuErbVO) zu qualifizieren ist.

305 Der BGH konnte in seiner Entscheidung vom 28. Januar 1987 (Morgengabe I: BGH NJW 1987, 2161 ff.) diese Frage noch offenlassen, entschied im Fall Morgengabe II (BGH NJW 2010, 1528 ff.) – unter weiter Auslegung des Art. 14 EGBGB – zugunsten der kollisionsrechtlichen Einordnung der *„Morgengabe"* als eine Frage der *allgemeinen Wirkung der Ehe* mit der Folge der Anwendung der Kollisionsnorm des Art. 14 EGBGB (siehe auch: BGH, Beschl. v. 18.3.2020 – XII ZB 380/19, Rn. 20 ff. m. w. H. ♛).

III. Auffinden einer passenden Kollisionsnorm: Die Qualifikation

2. Das ausländische Recht enthält eine abweichende Qualifikation. Ein weiteres Problem der Qualifikation soll der Umstand darstellen, dass das ausländische (Sach-)Recht ein Rechtsinstitut anders versteht und damit rechtssystematisch anders einordnet als das *lex fori*-Recht. **306**

Das US-amerikanische Recht schließt „**prozessrechtlich**" einen Zeugenbeweis für Rechtsgeschäfte, bei denen die Gefahr von betrügerischen Falschaussagen besteht (*Statutes of Frauds*), aus. Deren kollisionsrechtliche Einordnung erfolgt nach US-amerikanischem Recht also „prozessualrechtlich". Dies bewirkt, dass derartige Geschäfte nicht mündlich, sondern allenfalls schriftlich abgeschlossen werden können. Folglich ist der grenzüberschreitende Konflikt im deutschen IPR nicht prozessrechtlich, sondern als Frage der Formgültigkeit des Geschäfts, also i. S. d. Art. 11 Rom I-VO zu qualifizieren. **307**

Ein ernsthaftes **Qualifikationsproblem** besteht aber in diesen Fällen nicht. Denn die heute einhellige Meinung ordnet die Frage der Qualifizierung dem Recht des angerufenen Gerichts, also dem *lex fori*-Kollisionsrecht zu. Die Frage, wie ein anderes nationales Gericht diese Rechtsfrage qualifiziert hätte, stellt sich also nicht. **308**

Einen vergleichbaren Fall bildet der **Tennessee-Wechsel-Fall** zur prozessualen oder materiellrechtlichen Einordnung der Verjährung, RG 7, 21 ff. **309**

📖 → Tennessee-Wechsel-Fall

3. Abweichungen zwischen dem nationalen IPR und dem nationalen Sachrecht. Ebenfalls um kein kollisionsrechtliches Problem handelt es sich bei der abweichenden Einordnung eines Institutes innerhalb einer **Rechtsordnung**. **310**

Im deutschen Recht ist fraglich, ob der „*pauschalierte Ehegatten-Zugewinnausgleich im Todesfall*" (§ 1371 BGB) ein erbrechtliches (dann: Art. 1 Abs. 2 lit. d EuErbVO) oder ein güterrechtliches Institut (dann: Art. 14 u. 15 EGBGG i. V. m. §§ 47, 229 EGBGB [vormals Art. 15 EGBGB a. F.]) darstellt. **311**

Letzteres ist eine reine **Auslegungsfrage** allein des jeweiligen nationalen Rechts. **312**

Die h. M. (BGH, Beschl. v. 13.5.2015 – IV ZB 30/14 m. w. H. 📖) sieht im „*pauschalierten Ehegatten-Zugewinnausgleich im Todesfall*" (§ 1371 BGB) ein *ehe-güterrechtliches* Institut und bejahte damit die Anwendung des Art. 14 i. V. m. 15 EGBGB. **313**

Entgegen dieser Sicht qualifiziert der EuGH (EuGH v. 1.3.2018, Rs. C-558/16 *Mahnkopf* ECLI:EU:C:2018:138 📖) § 1371 BGB als *erbrechtliche* Regelung **314** mit der Folge der Anwendung des Art. 21 i. V. m. Art. 3 Abs. 1 lit. a EuErbVO als Kollisionsnorm. Zu weiteren Qualifizierungs-Entscheidungen siehe Rn. 298 ff.

IV. Anknüpfung

315 Die Kollisions- bzw. Rechtszuweisungsnorm nennt als ihre Rechtsfolge jene Anknüpfungspunkte, die eine Anwendung eines bestimmten nationalen Sachrechts (Statut) rechtfertigen. In Betracht kommen u.a. etwa:
- die Staatsangehörigkeit,
- der Wohnsitz,
- der gewöhnliche Aufenthalt einer oder beider Parteien,
- der Ort des Vertragsschlusses,
- der Erfüllungsort,
- der Handlungsort,
- der Vornahme-Ort einer gebotenen Handlung,
- der Ort der Vornahme der schädigenden Handlung (Schädigungsort),
- der Ort des Eintritts der Schädigungsfolgen,
- der Ort, an der sich eine unbewegliche Sache befindet (Belegenheits-Ort),
- der Gerichtsort.

> Ein Gericht kann über das IPR gezwungen sein, einen grenzüberschreitenden Rechtskonflikt mithilfe eines fremden Rechtes zu lösen. Dieser Aufgabe darf es sich nicht etwa durch die „**Überweisung**" des Rechtsstreites an ein nationales Gericht, dessen Recht es anwenden muss, entledigen. Zur Beurteilung der für ihn fremden Rechtslage kann es aber „Sachverständige" (d. h. Rechtsexperten des fremden Rechts) hinzuziehen.

316 1. Fraus legis. Einen Anknüpfungstatbestand (etwa den gewöhnlichen Aufenthaltsort) kann eine Partei auch dadurch erschleichen, dass sie etwa einen anderen Aufenthaltsort wählt, um so ein anderes nationales Sachrecht zur Geltung zu bringen (sog. echte *Anknüpfungserschleichung, fraus legis, fraude à la loi*). In diesem Fall bestimmt eine Partei jenes Recht einseitig (zur Rechtswahl siehe Rn. 373 ff.), was ihr am meisten nutzt.

IV. Anknüpfung

Beispiele: 317
- Der Abkömmling eines Erblassers wechselt seinen Aufenthalt, um gemäß Art. 21 EuErbVO das für ihn günstigere Erbrecht zu nutzen.
- Ein Unterhaltsberechtigter bringt ein für ihn günstigeres nationales Unterhaltsrecht nach Art. 3 Abs. 1 **Haager Unterhaltsprotokoll** dadurch zur Anwendung, dass er sich dauerhaft in einem anderen Land aufhält.

Grundsätzlich ist eine solche „Wahl" des anzuwendenden Sachrechts zulässig. 318

Damit sie unzulässig wird, muss der Handelnde diese Manipulation berechnend und willentlich missbräuchlich herbeiführen wollen. Es tritt daher zu dem objektiven Missbrauch der Rechtsumgehung noch ein subjektives Element der absichtlichen Ausnutzung hinzu.

Die Rechtsfolge der Gesetzesumgehung und **Anknüpfungserschleichung** ist, 319
dass sie deren Rechtsfolgen unberücksichtigt lässt. Art. 18 CODIP (belgisches Gesetz zum IPR) bringt diesen Gedanken des deutschen IPR zum Ausdruck.

Nicht zu dieser Problematik zählte die sogenannte unechte Gesetzesumgehung, in der eine oder beide Parteien nicht einen Anhaltspunkt rechtsmissbräuchlich wählen, sondern die Existenz eines Anknüpfungspunktes lediglich vortäuschen.
Der Verbraucher A gibt als Ort des Eintritts seines Vertragsschadens unzutreffend Deutschland an, obschon dieser in der Schweiz liegt.
Dies ist eine reine Frage der **Beweiswürdigung**.

Eine Täuschung kann für den Irreführenden auch die Gefahr eines strafbewährten Prozessbetruges mit sich bringen.

2. Mehrere Anknüpfungspunkte. In bestimmten Fällen können auch mehrere 320
Anknüpfungspunkte angesprochen sein. So knüpft Art. 40 Abs. 1 Satz 2 EGBGB zunächst an den Ort an, in dem der Täter die normverletzende Handlung (= *Tun/Unterlassen*) vorgenommen hat (**Handlungsort**). Art. 40 Abs. 1 Satz 3 EGBGB ermöglicht es dann dem Geschädigten, – statt des Handlungsortes – auch jenen Ort als Anknüpfung zu wählen, an dem die schädigenden Folgen seiner Handlung eintreten (**Erfolgsort**) (*alternative Anknüpfungspunkte*).

321 Bei einem sog. *Streudelikt* tritt der Erfolg gleich an mehreren Erfolgsorten ein (*kumulative Anknüpfungspunkte*). Streudelikte treten insbesondere im Fall der Nutzung elektronischer Medien auf.

322 **Beispiele:**
- A hackt und manipuliert auf seinem PC in Deutschland (*Handlungsort*) die Börsenkurse anzeigende Seiten der Deutschen Börsen AG, wodurch die Aktionäre weltweit (mehrere *Erfolgsorte*) Schäden erleiden.
- A verschickt in Deutschland (*Handlungsort*) eine seinen weltweit operierenden Konkurrenten herabsetzende Werbung über das WWW weltweit (mehrere Erfolgsorte).

323 Die h. M. (BGH NJW 13, 2348) gewährt in diesen Fällen dem bzw. den Geschädigten die Wahl des nationalen Rechts eines jeden **Erfolgsortes** (**Mosaikbetrachtung**); selbst wenn er oder das Schadensereignis zu dem jeweiligen Erfolgsort in keinerlei persönlicher geschäftlicher Beziehung steht (*Krimphove/Soergel* Bd. 27/1, Art. 8 Rom II-VO Rn. 283 m. w. H.; für das österreichische Recht: *Remien/Soergel* Bd. 27/1, Art. 6 Rom II-VO, Rn. 18; a. A.: *Staudinger/v. Hoffmann* Art. 40 Rn. 26 m. w. H.). Teile der h. M. nehmen zur Begrenzung des aufgerufenen nationalen Rechts in diesen Fällen eine sogenannte *Schwerpunktbetrachtung* vor. Nach ihr soll nur jenes nationale Recht zur Anwendung kommen, in dem der größte Schaden eintritt (*Spickhoff*, BeckOK/ Art. 40 Rn. 26).

324 Diese Eingrenzung führt bei immateriellen Schädigungen (Eingriff in die **Persönlichkeitsrechte**) nicht zum Ziel. Auch erscheint fraglich, nach welchen Kriterien (finanzieller Umfang, Anlage zu mögl. Folgeschäden etc.) die Bedeutung eines Schadens zu messen ist.

V. Das Chaos: Anknüpfung der Erstfrage/Teilfrage/Hauptfrage/Vorfrage

325 Anders als mit dem Begriff „Chaos" ist die Situation nicht zu beschreiben, in welche die Rechtsprechung und vor allem die Lehre den Anwender von Internationalen Privatrecht stürzen. Wie oft, hilft hier ein differenzierter Blick und insbesondere eine exakte Beschreibung der Frage, um was es eigentlich bei diesen Begrifflichkeiten geht. Insbesondere die Literatur aber zum Teil auch die

V. Das Chaos: Anknüpfung der Erstfrage/Teilfrage/Hauptfrage/Vorfrage

Rechtsprechung, gebrauchen seit Generationen die Termini **Erst-**, **Vor-**, **Teilfrage** uneinheitlich. Zudem beschweren sie deren Verständnis, indem sie sie mit Attributen wie *„kollisionsrechtlich"* bzw. *„sachrechtlich"*, im *„engeren"* bzw. *„im weiteren Sinne"* verbinden.

326 Die allgemeine Sprachverwirrung steigt noch dann, wenn die Literatur Begriffe wie die *„selbständige"* und *„unselbständige"* **Anknüpfung** nachlässig gebraucht, denn beide Ausdrücke verlangen immer die Angabe, von was sie selbständig sind. Auf diese Weise entstand ein Etikettenschwindel und Begriffswirrwarr, unter dem vor allem die Lehre tatsächlich auftretende, ebenso wie auch Scheinprobleme bis heute mit inhaltsleeren Worthülsen abarbeitet.

> Die hier vorgelegte Darstellung bemüht sich zunächst um einen großen Grad an Differenzierung, um Licht in das babylonische Sprachen- und Begriffswirrwarr zu bringen, um so auch abweichenden Terminologien und Meinungen in eine nachvollziehbare Ordnung zu bringen. Nur so ist es möglich, diese Spezialproblematik zu durchdringen und erlernbar aufzubereiten. Noch heute erwarten Prüfer in mündlichen wie schriftlichen Prüfungen ein Grundverständnis dieser Problematik.

327 **1. Das Problem.** Hat man – in der „Qualifikation" (siehe Rn. 299 ff.) – einen bestimmten Rechtszusammenhang und damit eine passende Kollisions- bzw. Rechtszuweisungsnorm ermittelt, so sind die einzelnen Tatbestandselemente
- dieser Kollisionsnorm oder auch
- des durch sie aufgerufenen Sachrechts

juristisch zu prüfen.

328 Hierbei fragt es sich wiederum, welches nationale Recht (IPR oder Sachrecht; siehe Rn. 293 ff.) zur Klärung der einzelnen Tatbestandselemente der Kollisionsnorm bzw. der **Sachnorm** heranzuziehen ist.

329 Ergab die Qualifikation eines angerufenen deutschen Gerichts (lex fori) bei der rechtlichen Einordnung des „Ehegatten-Erbrechts" einer deutsch/israelischen Lebensgemeinschaft einen „erbrechtlichen Sachverhalt" mit der Folge (Art. 21 Abs. 1 EuErbVO) der Anwendung israelischen Rechts (IPR bzw. Sachrecht, Art. 34 EuErbVO) (Wohnsitzrecht des Erblassers), so stellt sich nun die Problematik nach welchem nationalen Recht die sich nun im israelischen Recht stellende Frage, ob der erbrechtliche Begünstigte in einer wirksamen ehelichen Beziehung zum Erblasser stand, zu beantworten ist. Die Zuweisung eines bestimmten nationalen Rechts zur Klärung einer juristischen Frage, die sich im

Tatbestand des (ausländischen) Sachrechts stellt (sog. Vorfrage; Einzelheiten siehe Rn. 381 ff.), ist von entscheidender Bedeutung. Es gibt nämlich drei Möglichkeiten, die hier inhaltlich unterschiedliche Anforderungen aufweisen:
- Gilt für die Frage des Bestandes einer wirksamen ehelichen Beziehung wiederum das *deutsche/europäische IPR*, greifen nach Art. 1 Abs. 2 lit. b Rom III-VO die Regelungen der Rom III-VO nicht ein. Die Frage, welches nationale Recht anwendbar ist, regelt nun Art. 14 EGBGB. Dabei kommt es auf das Recht der Staatsangehörigkeit der Ehegatten oder auf das jenes Staates an, in dem sie ihren Aufenthalt hatten bzw. mit dem sie am intensivsten verbunden waren.
- Bei Geltung des *israelischen IPR* (137 ErbG [Israel]) beurteilt sich die Frage nach der Anwendung nationalen Rechts nach dem ehelichen Wohnsitz.
- Sowohl Staatsangehörigkeit als auch der Wohnsitz müssen nicht unbedingt israelisch sein. Sie könnten auch etwa in den USA liegen. Dann beurteilt sich die Frage nach dem Bestehen einer wirksamen Ehe nach US-amerikanischem Recht.
- Ist demgegenüber zur Beantwortung dieser Frage das *israelische Sachrecht* aufgerufen (sog. unselbständige Anknüpfung), so besteht für den „Ehegatten-Erben" eine erhebliche Erleichterung des Nachweis einer ehelichen Beziehung, da das israelische Erbrecht auch einen nicht-ehelichen bzw. einen nicht eingetragenen Lebensbegleiter unter bestimmten Bedingungen als erbberechtigt ansieht.

Die Bezeichnung *selbständige* bzw. *unselbständige Anknüpfung* gebraucht die Literatur weitgehend uneinheitlich. Dabei ist die Frage der „**Selbständigkeit der Anknüpfung**" nur dann zu verstehen, wenn man weiß, auf welches Recht,
- dem (mit in der Hauptfrage bereits aufgerufenen) nationalen IPR des *lex fori* bzw. dem nationalen IPR des Sachrechts-Staates oder
- dem (mit in der Hauptfrage bereits aufgerufenen) nationalen Sachrecht,

sich die Selbständig- bzw. Unselbständigkeit der Anknüpfung bezieht.

Um Missverständnisse zu vermeiden ist dringend zu empfehlen, auf diese undeutlichen Rechtsbegriffe zu verzichten, denn einen eigenen Erklärungswert besitzen diese nämlich nicht.

330 2. Erstfrage oder die sog. kollisionsrechtliche Vorfrage. – a) Die Definition. Schon die Feststellung des Tatbestandes der Kollisionsnorm selbst kann die Frage nach der Erfüllung bzw. Nichterfüllung eines weiteren **Tatbestandsmerk-**

males erforderlich machen. Denn oft enthält auch eine Kollisions- bzw. Rechts-Zuweisungsnorm Tatbestandsmerkmale, die diese nicht definiert, deren Vorliegen aber zur Bejahung dieser Kollisionsnorm erforderlich sind.

331 Hier stellt sich also die Frage, nach welchem nationalen Recht (wobei dieses nicht nur das nationale Sachrecht, sondern auch das nationale IPR einschließt, siehe Rn. 293 ff.) die Tatbestandsmerkmale der Kollisionsnorm heranzuziehen sind. Diese Notwendigkeit beantwortet die sog. *Erstfrage* (auch kollisionsrechtliche Vorfrage oder Vorfrage i. e. S. genannt).

> Der Anwender hat bereits mit der **Qualifikation der Hauptfrage** die Rechts-Zuweisungsnorm (auch Kollisionsnorm) gefunden. Jetzt, d. h. mit der Erstfrage, steigt der Anwender in die eigentliche Subsumtion der einzelnen Tatbestandsmerkmale der Zuweisungsnorm ein.

332 Aufgrund der großen Sachnähe der Erstfrage zu der Hauptfrage – beantwortet doch die Erstfrage ein präjudizielles Tatbestandsmerkmal der Kollisionsnorm der Hauptfrage – greift auch zu ihrer Beantwortung das nun ihr entsprechende Kollisionsrecht der **lex fori** ein.

> **Beispiel 1:** **333**
> Die Kollisionsnormen, etwa Art. 8 Rom III-VO weisen die rechtliche Beurteilung der allgemeinen Wirkungen einer „Ehe" (*Hauptfrage*) bestimmten nationalen Rechtsordnungen zu; Art. 8 Rom III-VO erklärt aber nicht, wann eine Ehe in ihrem Sinne vorliegt. Fällt unter Art. 8 Rom III-VO auch eine gleichgeschlechtliche Ehe oder eine durch einen Stellvertreter geschlossene Ehe (sog. *Handschuhehe,* siehe BGHZ 29, 137 und Rn. 379, 334), eine nach islamischen Rechtsraum gültige polygame Ehe oder eine Ehe, die erst durch den Vollzug kirchlicher Handlungen gestiftet wird?

334 Die Frage nach dem Bestehen einer Ehe, – die unmittelbar zur Annahme des Tatbestands der Verweisungsnorm Art. 8 Rom III-VO gehört („*Ehebandes*") – also die sog. *Erstfrage* i. S. d. Art. 8 Rom III-VO, ist nach h. M. selbständig, d. h. von der Frage des mit der Hauptfrage aufgerufenen nationales Sachrechtes (*lex causae*) unabhängig zu beantworten. Sie richtet sich – entsprechend ihrer selbständigen Anknüpfung – wiederum nach den bereits durch die Inanspruchnahme eines nationalen Gerichts aufgerufenen IPRs (*lex fori*) (siehe Rn. 289 ff.). Dies ist dann das IPR der Hauptfrage, also das der Rom III-VO, hier: Art. 8 Rom III-VO. Da aber die Verordnung Rom III die Gültigkeitsfrage einer Ehe grundsätzlich nicht regelt (Art. 1 Abs. 2 b Rom III-VO), greift hier

Art. 13 EGBGB ein (zur rechtlichen Beurteilung einer *Handschuhehe* siehe Art. 13 Abs. 2 i. V. m. Art. 11 EGBGB).

335 **Beispiel 2:**
Art. 19 EGBGB unterstellt die Entscheidung über die Frage, welches Abstammungsrecht eines Kindes anwendbar ist, dem nationalen Recht (IPR und Sachrecht) des Staates, in dem das Kind seinen Wohnsitz hat.
Die Frage, was ein „Kind" i. S. d. Art. 19 EGBGB ist (also ob ein „Kind" i. S. d. Art. 19 EGBGB auch ein vor oder nach seiner Geburt nicht lebensfähiger Mensch, ein außerhalb einer bestehenden Ehe, ein in Pflegschaft genommener Abkömmling oder ein in vitro gezeugter Mensch eines anderen biologischen Elternteiles ist [Erstfrage]), beurteilt sich nach dem IPR des angerufenen Gerichts (*lex fori*) bzw. dessen möglichen Sonderzuweisungen und nicht (unselbständig) nach dem (erst von Art. 19 EGBGB angegebenen) Wohnsitzrecht des „Kindes".

Im Fall des Art. 19 Abs. 1 Satz 3 EGBGB stellt sich als **Erstfrage** nicht nur, nach welchem Recht die Eigenschaft „Mutter" zu beurteilen ist, sondern auch die, wonach nach welcher nationalen Rechtsnorm festzumachen ist, ob diese auch „verheiratet" ist. Entsprechend obigen Grundsätzen verweist Art. 19 Abs. 1 Satz 3 EGBGB selbst auf die Regelung des Art. 14 Abs. 1 EGBGB.

336 Weite Tatbestände einer Erstfrage bilden etwa:
- das Bestehen eines Haftungsanspruchs und der Versicherungsdeckung i. S. d. Art. 18 Rom II-VO,
- die berechtigte Inhaberschaft des Klägers an dem durch unerlaubte Handlung verletzten Rechtsgut i. S. d. Art. 4 Rom II-VO oder Art. 40 EGBGB,
- die Identität der Forderung („dieselbe Forderung") i. S. d. Art. 20 Rom II-VO oder
- die Feststellung der Arbeitnehmer- bzw. Arbeitgebereigenschaft des Schädigers i. S. d. Art. 9 Rom II-VO.

337 **b) Ausnahme: Die Erstfrage in völkerrechtlichen Verträgen.** Eine bedeutende Ausnahme von dem Grundsatz Erstfragen selbständig anzuknüpfen (siehe Rn. 330 ff.), besteht insbesondere bei **Erstfragen** immer dann, wenn sie Normen **völkerrechtlicher Verträge** betreffen. Bei diesen knüpft die Beantwortung der Erstfrage – soweit das Übereinkommen hierzu keine speziellen Regelungen bzw. Sonderzuweisungen enthält – unselbständig, also nach dem Sachrecht, der *lex causae* an.

Der Grund dieser Abweichung liegt darin, dass die Vertragsparteien im Rahmen ihres völkerrechtlichen Vertrages prinzipiell dasselbe *lex causae* verwenden. Daher sollen auch die bei der Anwendung dieses Vertrages entstehenden Erstfragen nach diesem Recht beantwortet werden. Zudem gewährt diese Vorgehensweise einen umfassenden Entscheidungseinklang im jeweiligen Recht des internationalen Vertrages und sichert die i. d. R. durch ihn beabsichtigte **Rechtsharmonisierung** zwischen den Vertragsparteien.

338

3. Die Teilfrage. Teilfragen sind jene Fragen, welche die kollisionsrechtliche Behandlung der abtrennbaren Einzelaspekte eines Tatbestandes jener nationalen Sachrechtsnorm (*lex causae*) betreffen, die die kollisionsrechtliche Behandlung der Hauptfrage bereits aufgerufen hat.

339

> Einen theoretisch vorstellbaren abtrennbaren Teilaspekt der Kollisions- oder Rechts-Zuweisungsnorm bewertet diese Darstellung als Erstfrage (siehe Rn. 320 ff.).

Kollisionsrechtlich sind Teilfragen differenziert zu behandeln.

340

a) Selbständige Anknüpfung der Teilfrage. Teilfragen unterliegen grundsätzlich einer von der Hauptfrage bzw. ihrer kollisionsrechtlichen Lösung durch das *lex causae* selbständigen, speziellen Anknüpfung, sofern Sonderkollisionsnormen die Teilfrage regeln:

341

- Geschäftsfähigkeit (Art. 7 EGBGB),
- Ehefähigkeit (Art. 14 EGBGB),
- Form der Rechtsgeschäfte (Art. 11 EGBGB),
- insbesondere Testamentsformen (Art. 27 EuErbVO oder Art. 1 Haager Testamentsform-Übereinkommen v. 5. Oktober 1961 [HTestFormÜ]),
- Testierfähigkeit (Art. 26 Abs. 1 lit. a EuErbVO),
- Vertretungsmacht (Art. 8 EGBGB).

b) Unselbständige Anknüpfung der Teilfrage. Existieren keine **Sonderzuweisungstatbestände**, so unterliegen Teilfragen der Beurteilung dem durch die **Hauptfrage** ausgerufenen materiellen Sachrecht (*lex causae*), denn Teilfragen stehen mit der Hauptfrage in einem untrennbaren Sachzusammenhang.

342

4. Die Vorfrage. Eine Vorfrage (auch: *materiellrechtliche Vorfrage oder Vorfrage i. e. S.*) stellt sich im Rahmen des durch die Rechtszuweisung der Hauptfrage bereits aufgerufenen Tatbestandes einer nationalen Sachrechtsnorm (*lex causae*).

343

344 Oft setzt diese das Bestehen eines bestimmten **Status** oder **Rechtsverhältnisses** in ihrem Tatbestand voraus, der/das dann kollisionsrechtlich zu behandeln ist.

> Die Vorfrage gleicht in ihrer Funktion der Erstfrage; nun aber nicht wie diese auf kollisionsrechtlicher, sondern auf sachrechtlicher Ebene.
> So ist die „Ehe" Tatbestandsvoraussetzung der Kollisionsnorm des Art. 8 Rom III-Verordnung. Die Frage also, welches nationale Recht das Vorliegen einer Ehe beurteilt, beantwortet die sog. Erstfrage.
> Das Vorliegen einer Ehe ist aber auch tatbestandliche Voraussetzung eines materiellrechtlichen, erbrechtlichen Anspruchs (z. B.: § 1931 Abs. 1 BGB oder Art. 462 Schweizer ZGB) des Ehegatten auf das Erbe bzw. einen Teil des Erbes oder des Erbvermögens. Die Frage, nach welchem nationalen Recht das Bestehen einer Ehe festzustellen ist, beantwortet die Vorfrage (oder materiellrechtliche Vorfrage bzw. Vorfrage i. e. S.).

345 Nachstehendes Beispiel erläutert die kollisionsrechtliche Behandlung einer „**Vorfrage**" nach der Rechtsprechung und der Literatur.

346 **Beispiel:**
Herr M ist seit 1983 mit seiner polnischen Ehefrau E nach deutschem Recht verheiratet. Er arbeitete und wohnte bis zu seiner Pensionierung mit seiner 4-köpfigen Familie in Düsseldorf. Die Zeit nach seiner Pensionierung verbrachte er mit E in der Provence. Hier verstirbt er plötzlich im Alter von 73 Jahren und hinterlässt neben seiner Ehefrau die gemeinsamen in Düsseldorf lebenden beiden Kindern sowie sein umfangreiches Vermögen. Eine Verfügung von Todes wegen existiert nicht. Als die Ehefrau nach dem Todesfall ihre Kinder in Düsseldorf besucht, wendet sie sich an das Landgericht Düsseldorf, um dort klären zu lassen, ob ihr ein Erbanspruch zusteht.

347 Das IPR des angerufenen deutschen Gerichts (*lex fori*) d. h. Art. 21 Abs. 1 EuErbVO verweist mit der **Hauptfrage** (= Erbrecht des überlebenden Ehegatten) auf das Recht (IPR und Sachrecht; Art. 34 Abs. 1 Satz 1 EuErbVO) des gewöhnlichen Aufenthaltsortes des Erblassers, also das französische Recht.

Art. 21 EuErbVO Allgemeine Kollisionsnorm
(1) Sofern in dieser Verordnung nichts anderes vorgesehen ist, unterliegt die gesamte Rechtsnachfolge von Todes wegen dem Recht des Staates, in dem der Erblasser im Zeitpunkt seines Todes seinen gewöhnlichen Aufenthalt hatte.

V. Das Chaos: Anknüpfung der Erstfrage/Teilfrage/Hauptfrage/Vorfrage

Da das französische IPR auch Art. 21 EuErbVO anzuwenden hat, kommt es zur Anwendung der materiellrechtlich einschlägigen Sachnorm (*lex causae*) des französischen Sachrechts, nämlich des Art. 756 CC (Fr). Der Tatbestand des Art. 756 CC (Fr) setzt für den Erbschaftsanspruch des Eleganten (*conjoint*) – das Bestehen einer Ehe mit dem Erblasser voraus. **348**

Art. 756 CC (Fr.)
Le conjoint successible est appelé à la succession, soit seul, soit en concours avec les parents du défunt.
Der nachlassfähige Ehegatte ist entweder allein oder neben den Eltern des Verstorbenen zum Erbfall berufen. *(Übersetzung vom Verfasser)*

> Welches Recht nun über das Bestehen einer Ehe urteilt (deutsches, polnisches, französisches Sachrecht), beantwortet die Vorfrage.

Mehrere Alternativen stehen hier nach der Rechtsprechung und insbesondere nach der Rechtslehre zur Verfügung. Diese bieten nicht nur das seitens des IPR der Hauptfrage aufgerufene **349**

- nationale Sachrecht,
- sondern auch das vom Sachrecht selbständig aufzurufende heimische wie das
- ausländische IPR

an.

a) Anknüpfung an das durch die Hauptfrage bestimmte Sachrecht. Eine Mindermeinung knüpft – unselbständig – die Beantwortung der (materiellrechtlichen) Vorfrage an das nationale Sachrecht der **Hauptfrage** an. **350**

> Im obigen Beispiel rief das IPR der Hauptfrage (Art. 21 Abs. 1 EuErbVO) das französische Sachrecht (Art. 756 CC [Fr]) an. Das französische Sachrecht bestimmt dann auch die Vorfrage nach dem Bestand der Ehe (Art. 63 ff. CC [Fr]). **351**

Eine solche unselbständige *lex causae*-Anknüpfung an das bereits aufgerufene materielle nationale Sachrecht besitzt den Vorteil, dass deren Rechtsanwender einen Sachverhalt einheitlich nach demselben nationalen Sachrecht (hier dem Französischen) beurteilt. Somit erreicht diese Lösung einen überzeugenden internen **Entscheidungseinklang**. **352**

353 Diese Vorgehensweise klammert aber das IPR (einheimische wie das ausländische) aus der Vorfrage „Ehe-Bestand" vollständig aus. Dies kann im obigen Beispielsfall zu ungewöhnlichen und abweichenden Ergebnissen führen.

354 Im Beispielsfall ist die Ehe wirksam nach deutschen Recht geschlossen und besteht nach diesem auch fort, sodass es gegen den Grundsatz der Einheitlichkeit der Rechtsbeurteilung verstieße, würde man das wirksame Zustandekommen der Ehe und deren Bestand nun – in einem Erbrechts-Rechtsstreit (Hauptfrage) – nach dem französischen Sachrecht beurteilen wollen.

355 b) **Anknüpfung an das IPR der Hauptfrage** *(fremdes IPR)*. Eine weitere Mindermeinung (siehe u. a.: *von Hoffmann/Thorn*, Internationales Privatrecht: Einschließlich der Grundzüge des Internationalen Zivilverfahrensrechts, 9. Aufl., 2007, § 6 Rn. 42 ff. m. w. H.) möchte die Vorfrage an das IPR, welches bereits die Hauptfrage aufgerufen hat, also nach jenem nationalen IPR anknüpfen, dem das nationale Sachrecht entsprang. Diese Meinung entscheidet also die Vorfrage so, als habe der Kläger das Gericht, dessen Recht die Hauptfrage bestimmt hat *(lex fori)*, eigenständig zur Klärung der Vorfrage als ersten angerufen.

356 Im Beispielsfall wäre – für die Vorfrage (Vorliegen einer Ehe) – nicht das deutsche Gericht mit der Geltung des deutschen IPR, sondern des französischen IPR zuständig (Rom III-VO beantwortet diese Frage nicht: Art. 1 Abs. 2 lit. b Rom III-VO). Das weitgehend durch das französische Richterrecht gebildete französische IPR verweist für die Lösung der Frage auf das Recht des ersten gemeinsamen Wohnsitzes des Paares (Cass. 1re civ., v. 15. Mai 1961, arrêt Tarwid: D. 1961, p. 437, 3e esp.; Rev. crit. DIP 1961, p. 547, note Batiffol).
Auch die am 1. September 1992 in Kraft getretene „Haager Konvention vom 14. März 1978" indiziert den ersten Ehewohnsitz als die Wahl der Eheleute zugunsten des dort geltenden Rechts. Somit verweist das französische IPR auf das deutsche Recht (zu dessen Lösung siehe Rn. 359).
Der Rückgriff auf das IPR der fremden Rechtsordnung bzw. des *lex causae* führt – unter Aufgabe **kollisionsrechtlicher Wertung** des eigenen *lex fori*-Kollisionsrechtes – zu einem internationalen **Entscheidungseinklang**.

357 Allerdings kann die Beantwortung der Vorfrage nach dem mit der Hauptfrage ermittelten fremden IPR zu einer uneinheitlichen Anwendung des Kollisionsrechtes bzw. einem **Wechsel** vom bereits mit der Hauptfrage aufgerufenen *lex* *fori*-IPR (hier Art. 21 Abs. 1 EuErbVO) zu einem anderen IPR (nämlich dem französischen IPR) und damit zu einer ungewollten abweichenden Beantwortung der Vorfrage führen.

c) **Anknüpfung an das IPR der *lex fori* (sog. *eigene IPR*).** Die derzeit wohl h. M. (Nachweis bei *Kegel/Schurig*, Internationales Privatrecht, 2004, § 9) lehnt eine **unselbständige Anknüpfung** der Vorfrage an das fremde Sachrecht wie auch an das IPR ab. Sie behandelt die Vorfrage vielmehr selbständig und knüpft die Vorfrage „erneut" an das IPR der *lex fori* an.

358

> **Beispiel:**
> Dies bedeutet im obigen Beispielsfall, dessen Hauptfrage über Art. 21 EuErbVO zur Anwendung des französischen Rechts führte, dass zur Ermittlung des sich nun im französischen Sachrecht stellende Vorfrage nach dem „Bestand der Ehe" der Rechtsanwender wieder das IPR der lex fori (hier: des deutsches IPR) zu befragen hat. In Ermangelung europäischer Spezialnormen zur Vorfrage „Bestand der Ehe" (siehe: Art. 1 Abs. 2 lit. b Rom III-VO) kommt nun Art. 13 EGBGB zur Anwendung. Dieser weist die Lösung der Vorfrage – für die polnische Ehefrau E – zunächst dem polnischen Recht zu, da sie nach Art. 13 EGBGB als Verlobte dem polnischen Staat und dessen Recht angehörte. Da die Eheleute aber die Ehe nach deutschem Recht schlossen und der Ehegatte diesem Recht noch angehörte (Art. 14 Abs. 1 Satz 2 EGBGB; siehe auch: OLG Hamm NJW-RR 1993, 838 ff.), ist zur Beantwortung der Vorfrage das deutsche Eherecht – also §§ 1303 ff., 1310 ff. BGB – heranzuziehen.

359

Der Vorteil dieser Lösung besteht in einem inneren/nationalen Entscheidungseinklang, da dasselbe Recht – nämlich das *lex fori*-IPR – sowohl zur Beantwortung der Hauptfrage als auch zu der Vorfrage berufen ist.

360

Die h. M. ist allerdings gezwungen, weitgehend Ausnahmen von diesem Grundsatz, insbesondere in folgenden Rechtsgebieten, zuzulassen:
- **Staatsangehörigkeit** (denn es ist ein völkerrechtlicher Grundsatz, dass die Staatsangehörigkeit eines Bürgers ausschließlich der betroffene Staat bestimmt),
- **Namensrecht** (BayObLG NJW 1992, 632 ff.; BGHZ 90, 129 ff.; OLG Hamm NJW 2004, 1688 ff.),
- **Unterhaltsrecht**,
- **Statusrecht des Kindes** durch nachfolgende Ehe,
- **Sozialversicherungsrecht**.

361

Der Bezug dieser Ausnahmen zum öffentlichen, hoheitlichen, nationalen Recht rechtfertigt ihre kollisionsrechtliche Sonderbehandlung. Gleichzeitig demonstrieren sie den Bezug des IPR zur fremdstaatlichen Souveränität und damit zum Völkerrecht (siehe Rn. 289 ff.).

362 In diesem Sinne sind ebenfalls abweichend zu obigen Grundsätzen zu behandeln
- Vorfragen in **Staatsverträgen** und

Vorfragen, die sich aus Normen eines Staatsvertrages ergeben, knüpfen, – sofern der Staatsvertrag keine Spezialregelung enthält – unselbständig an das (vertragliche) Sachrecht der Hauptfrage an.

- gerichtlich **bereits entschiedene Vorfragen**.

Grundsätzlich ist die Wirkung eines Hoheitsaktes (z. B.: Gestaltungs- oder Feststellungsurteil) nur in dem Recht jenes Staates anwendbar, dass diesen hoheitlichen Akt erlassen hat oder ihn anerkannt hat; d. h. mangels Sonderzuweisungen (z. B.: § 107 Abs. 1 Satz 1 FamFG) entscheidet das Recht des diesen Hoheitsakt erlassenden Staates.

363 Im IPR besitzen dann bereits getroffene Entscheidungen inländischer wie ausländischer Gerichte über die **Vorfrage** in einer fremden Rechtsordnung unterschiedliche **Bindungswirkung**:
- **Bindungswirkungen** des deutschen Gerichts von Vorentscheidungen:
  Weist eine Kollisionsnorm die Beurteilung der Hauptfrage dem deutschen Recht zu
  – ist das deutsche Recht an die Vorentscheidung – eines *deutschen Gerichts* – über die Vorfrage gebunden,
  – an die Vorentscheidung eines *ausländischen Gerichts* jedoch nur dann, wenn es diese anerkannt hat.
- **Bindungswirkungen** der ausländischen Gerichte an Vorentscheidungen deutscher Gerichte:
  Weist eine Kollisionsnorm die Beurteilung der Hauptfrage dem deutschen Recht zu, soll
  – aus Sicht des deutschen IPR (*Lehre von der internationalen Gestaltungs- und Feststellungswirkung*) ein deutsches Gestaltungs- oder Feststellungsurteil stets zu berücksichtigen sein.

– Nach der Lehre der relativen Gestaltungswirkung entscheidet das mit der Hauptfrage aufgerufene (ausländische) Recht über die Berücksichtigungsmöglichkeit des die Vorfrage entscheidenden deutschen Gestaltungs- bzw. Feststellungsaktes.
Diese Meinung respektiert die völkerrechtliche Souveränität des Entscheidungs-Staates

Eigens aufgrund der sich für die h. M. stellenden Ausnahmetatbestände wählt eine mehr und mehr im Vordringen befindliche Meinung die Anknüpfung der Vorfrage an den thematischen **Schwerpunkt** des Sachverhaltes. 364

d) Anknüpfung an den Schwerpunkt des Sachverhaltes. Nach dieser Sichtweise soll der Schwerpunkt des Sachverhaltes bzw. seine **Intensität** zum In- bzw. zum Ausland über die rechtliche Anwendung des jeweiligen Rechts entscheiden. 365

Diese zwischen den obigen Theorien vermittelnde Sicht besticht zugegebenermaßen durch ihre prinzipielle Möglichkeit zu großer **Einzelfallgerechtigkeit**. Allerdings operiert sie mit dem inhaltlich unbestimmten Merkmal des größeren (maßgeblichen) Inlands- bzw. Auslandsbezuges. Dieser kann überaus schwer zu ermitteln sein. 366

Sollte etwa der Schwerpunkt des Sachverhaltes, d. h. seine tatsächliche Intensität – im obigen Beispielsfall – 367
- in Frankreich (8-jähriger gemeinsamer Lebensmittelpunkt mit der Ehefrau),
- in Deutschland (Gründung der Familie und deren Aufenthalt bis zu Pensionierung des Erblassers) oder
- in Polen (Herkunftsstaat der Nationalität der Erblasserin)

liegen?

Strukturell offen lässt diese Meinung auch, ob die größere Intensität des Sachverhaltes zu einem bestimmten Land, dessen IPR (dazu siehe oben mit der dortigen Kritik Rn. 355 ff. und 358 ff.) oder dessen nationales Sachrecht (dazu siehe oben mit der dortigen Kritik Rn. 350 ff.) aufruft. 368

5. Fazit. Aus rechtslogischer Sicht sind sämtliche der oben wiedergegebenen Meinungen nicht schlüssig. Insbesondere können in jeder Konstellation besondere Umstände eine Aufgabe des **Entscheidungseinklangs** rechtfertigen (siehe Rn. 358 ff.). 369

370 Zudem erscheint nicht deutlich, wann und warum dem sog. internationalen oder dem internen Entscheidungseinklang Vorrang einzuräumen ist. Mangels dieser **argumentativen Hierarchie** lassen sich beliebig alle Alternativen mit den beiden sich ausschließenden Instituten rechtfertigen.

371 Die Ansicht, dass Recht nach dem in- bzw. ausländischen Schwerpunkt des Sachverhaltes bestimmen zu wollen, ist eine vom Ergebnis der Rechtsanwendung her gedachte unzulässige *Petitio Principii*.

372 Nach Ansicht des Verfassers bietet es sich allenfalls an, die Vorfrage identisch zu der Erstfrage zu behandeln. Dies gewährleistet die **Konsistenz**, Schlüssigkeit und Vereinfachung des IPR in seiner Gesamtheit.

Die oben aufgeführten Ausnahmen der h. M. sind allerdings auch hier zu berücksichtigen.

Der Studierende wird die obige (unsägliche) Diskussion in einer schriftlichen oder mündlichen Prüfung lediglich in dem hier vorgestellten Rahmen kennen müssen. Denn – Gott sei Dank – wird der Erlass internationaler wie europäischer Sondervorschriften, die die ohnehin heute schon geringe Praxisbedeutung der Diskussion mehr und mehr einschränken, seltener.

VI. Wahl des anzuwendenden Rechts

373 Zahlreiche Rechtsordnungen ermöglichen es den Parteien, das Recht zu wählen, das auf ihren grenzüberschreitenden Rechtskonflikt Anwendung finden soll (z. B. Art. 42 EGBGB; Art. 3 Rom I-VO, Art. 14 Rom II-VO; Art. 5 Rom III-VO u.v.a.m.).

374 Eine solche **Rechtswahl**, insbesondere wenn sie die Parteien mit dem Eingehen einer vertraglichen Beziehung treffen, reduziert die oben dargestellten **Anwendungs-** und **Auslegungsschwierigkeiten** des IPR und schafft so Rechtsklarheit.

375 Mit der Rechtswahl können die Parteien
- eines der jeweiligen **Heimatrechte** der Parteien oder
- ein anderes nationales Recht, das in keinem inneren **Bezug** zum grenzüberschreitenden Streit stehen muss,

wählen.

VI. Wahl des anzuwendenden Rechts

- Denkbar, wenn auch in den Praxisfolgen überaus kompliziert, ist eine Wahl unterschiedlicher **Teile** eines bestimmten Rechts für einen Gesamt-Rechtsakt (Vertrag).

> Seitens eines Verkäufers wird es sich häufig anbieten, mit dem Käufer die Geltung des schweizerischen Kaufrechtes zu vereinbaren. Denn dieses beinhaltet kaum verbraucherschützende Rechtsvorschriften.

> Die Rechtswahl ist allerdings eine Absprache und daher nur im gegenseitigen Einvernehmen (gegebenenfalls auch durch AGB) möglich.

Als eine **Vereinbarung** ist die Rechtswahl ausdrücklich, aber auch **stillschweigend** möglich. **376**

Indizien für ein bestimmtes nationales Recht in einer *stillschweigenden/konkludenten Rechtswahl* können sein (*Krimphove/Soergel*, Bd. 27/1 Rom II, IHR, Rn. 44 ff.): **377**
- der **Sitzort** eines mit einer *Gerichtsstandsklausel* gewählten Gerichts,
- der **Sitz** eines mit einer *Schiedsklausel* gewählten **Schiedsgerichts**,
- das aus einer bisherigen *Geschäfts- und Verhandlungspraxis* der Parteien beständig gewählte Recht,
- im Einzelfall auch deren *Prozessverhalten*,
- eine entsprechend aussagefähige **Bezugnahme** auf fremdes Sachrecht oder deren technische Standards (deutsche *DIN-Normierung*).

> Zu bedenken ist ferner, dass einige Schuldverhältnisse – etwa: Beförderungsverträge (Art. 5 Rom I-VO), Verbraucherverträge (Art. 6 Rom I-VO), bestimmte Versicherungsverträge (Art. 7 Rom I-VO), Individual-Arbeitsverträge (Art. 8 Rom I-VO), aber auch Fragen des Scheidungsrechts (Art. 7 Rom III-VO) – einen besonderen Schutz einer Partei vorsehen. Die Realisierung des Schutzgedankens schließt dann die Möglichkeit einer Rechtswahl entsprechend ein (siehe: Art. 5 Abs. 2 Rom I-VO, Art. 6 Abs. 2 Rom I-VO, Art. 7 Abs. 3 Rom I-VO, Art. 8 Abs. 1 Rom I-VO, Art. 7 Rom III-VO).

VII. Anwendungsverbote ausländischen Rechts

378 **1. Ordre Public.** Die Anwendung ausländischen Rechts ist immer eine Durchbrechung **staatlicher Souveränität** jener Staaten, deren Bürger nun mit einem anderen fremdstaatlichen Recht unterzogen werden.

In Staatsverträgen (AEUV, Haager Konvention etc.) verzichten Staaten auf diese bzw. ihre Souveränität.

379 Die Anwendung eines ausländischen Rechts kann im Einzelfall zu fundamentalen Werten einer „**heimischen Rechtsordnung**" in einen eklatanten Wiederspruch treten. Ein solcher eklatanter **Wertungswiderspruch** findet sich nicht nur in familienrechtlichen Fragen.
- So bei der polygamen *Mehrehe* (BVerwGE NJW 1985, 2097).
- Das Eingehen einer nach afrikanischem wie islamischem Recht zulässigen Ehe durch einen Vertreter (*Handschuhehe*) verstößt nur dann gegen den deutschen ordre public, wenn der Vertretene einen eigenen Entscheidungsspielraum hinsichtlich der Eheschließung und der Wahl des Ehekandidaten hat (OLG Zweibrücken IPRax 2013, 442 ff. 443 ♙; zur Abgrenzung AG Gießen BeckRS 2000, 31212431).
- Eine nach islamischem oder jüdischem Recht mögliche *Talaq*- bzw. Chul'-Scheidung, die Rechte der Frau beeinträchtigt, verstößt gegen den deutschen ordre public (siehe: AG Kulmbach FamRZ 2004, S. 631).

380 Aber auch im geschäftlichen Bereich setzt sich die **ordre public** regelmäßig durch; so verstößt
- die **generelle Unverjährbarkeit** einer Forderung (RGZ 106, 82 [84f.]; BGH, Beschl. v. 10.3.2016 – I ZB 99/14, Rn. 31 ♙; OLG Hamm, Beschl. v. 21.5.2019 – 9 U 44/19 ♙ Rn. 21), oder
- ein zehnjähriges Kind als **volljährig** zu behandeln (OLG Köln NJW-FER 1997) gegen den deutschen ordre public.

Führt dieser Wiederspruch zu einer offensichtlichen und schlechthin unerträglichen Verletzung des Kernbestandes der „heimischen Rechtsordnung" bzw. ihrer Rechtsinstitute, so ist diese „ausländische" Rechtsnorm nicht anwendbar (st. Rspr. seit BGHZ 50, 370 [375f.]).

VII. Anwendungsverbote ausländischen Rechts

2. Rechtsfolgen des ordre public. Wird die ausländische Norm nicht angewandt, stellt sich die Frage, welche Rechtsnorm an ihre Stelle tritt. In Betracht kommt **381**
- der Rückgriff auf eine dem **ordre public angemessene Regelung** des ausländischen Sachrechts (Methode des „vermeintlich" geringsten Eingriffs) (siehe OLG Zweibrücken NJW-RR 2002, 581 ff.),
- der Ersatz der unanwendbaren Rechtsnorm durch eine **andere Rechtsnorm** desselben *lex fori*-Rechts (sog. **Ersatzrecht** = BGHZ 169, 240),
- die **Lückenfüllung** durch die Schaffung einer neuen Regelung in *ergänzender Auslegung*.

Sämtliche Alternativen stehen dem Rechtsanwender zur Verfügung, wobei die erste vermeintlich zu dem **geringsten Eingriff** in die anzuwendende Rechtsordnung führen soll und daher vorrangig sei. **382**

Letztere Alternative verrät das große Vertrauen, welches das IPR in die hohe rechtswissenschaftliche Kompetenz des Rechtsanwenders setzt; erfordert die ergänzende Auslegung doch eine gesteigerte fachkundige **Kreativität** des Rechtsanwenders. **383**

> Gerade diese Anforderung bildet einen willkommenen Prüfungsgegenstand des IPR.

3. Keine Anwendung des ausländischen Rechts bei deren Kollision mit zwingenden Eingriffsnormen. Eine inhaltlich „abgeschwächte" Form der ordre public-Regel findet sich in Art. 9 Rom I-VO bzw. Art. 16 Rom II-VO, den sogenannten zwingenden *Eingriffsnormen*: Widerspricht eine ausländische Rechtsnorm jenen innerstaatlichen Regelungen, die ein Land für zwingend erachtet, um ihre öffentlichen, politischen, sozialen oder wirtschaftlichen Organisationen aufrechtzuerhalten, so bleibt die innerstaatliche Norm, ungeachtet der ihr entgegenstehenden ausländischen Regelung, gültig. **384**

> Die Auslegungsfrage, ob der Staat bzw. seine Rechtsordnung die Existenz einer Rechtsnorm für „zwingend" i. o. S. erachtet, ist eine nach der Bedeutung, insbesondere dem Zweck dieser nationalen Norm. Diese Auslegung kann der Rechtsanwender rechtslogisch nur vor dem Hintergrund der Rechtsordnung vornehmen, der dieser Norm angehört.

Der EuGH hat – als Kontrollinstanz des Rechtes seiner Mitgliedstaaten bzw. zur Gewährleistung der Europäischen **Dienstleistungsfreiheit** (Art. 56 ff. AEUV) – im Fall Ingmar (EuGH v. 9.11.2000 – Rs. C-381/98 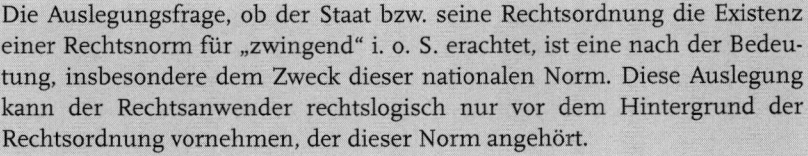) eine ausländische Norm. **385** die dem **Handelsvertreter** den **Ausgleichs- oder Ersatzanspruch** verwehrte, selbst dann für einen Verstoß gegen zwingendes europäisches Handelsvertreterrecht (Art. 17 bis 19 Rl. 86/653) i. S. d. Art. 9 Rom I-VO gehalten, wenn der sich der Tätigkeit des Handelsvertreters bedienende Unternehmer seinen Sitz in einem Drittstaat hat (*Krimphove/Soergel*, Bd. 27/1, IHR, Rn. 582 m. w. H.).

Im Gegensatz zur ordre public-Problematik besteht die Rechtsfolge der Verletzung von Eingriffsnormen darin, die ausländische Norm zu ignorieren und ausschließlich das inländische Recht anzuwenden.

VIII. Die Anwendung nationalen Rechtes bei Kollision mehrerer Rechtsordnungen/Die Anwendung des Internationalen Privatrechts

386 Das „**Internationale Privatrecht** (IPR) beschäftigt sich mit der Grundsatzfrage der Anwendung bzw. **Anwendbarkeit** eines nationalen Rechtes in einem **grenzüberschreitenden Rechtsfall**.

387 Das IPR setzt damit voraus, dass mindestens zwei **verschiedene Rechtsordnungen** zur Lösung eines Rechtsstreites oder einer juristischen Problemstellung in Betracht gezogen werden können.

388 **Beispiele:**
- Ein deutscher Urlauber verursacht in der Schweiz leichtfertig einen Unfall, bei dem ein italienischer Autofahrer schwer verletzt wird.
- Ein Libanese heiratet in Deutschland eine türkische Staatsangehörige.
- Ein Franzose erbt von seinen belgischen Onkel den in den Niederlanden gelegenen Gewerbebetrieb.
- Ein Finne schließt in Deutschland mit einem Italiener einen Kaufvertrag über den Gesellschaftsanteil des Finnen an einer Luxemburger Mediengesellschaft. Beide vereinbaren hierzu die Geltung des Schweizer Obligationenrechts.

VIII. Die Anwendung nationalen Rechtes bei Kollision mehrerer Rechtsordnungen

Um zu ermitteln, welches nationale Recht zur Entscheidung heranzuziehen ist, sind folgende Denkschritte einzuhalten: **389**

- Das IPR gilt nicht, falls der Rechtskonflikt bereits durch **supranationales Recht** abschließend geregelt ist.
  Als supranationales Recht kommt in Betracht: EG-V, EGKS-V, EURATOM-V, GATT, die Haager Abkommen (z. B.: EheschAbk., TestamentsformAbk.), UN-Kaufrecht, Rom I-VO, Rom II-VO, Rom III-VO etc.
- Zur Beurteilung des Falles ist zunächst das IPR des **angerufenen** und prüfenden **Gerichtes** *(lex fori)* – z. B. bei Klageerhebung vor einem Frankfurter Gericht das deutsche IPR – heranzuziehen.
- Um die einschlägige Norm des deutschen IPR aufzufinden, ist der (Lebens-) Sachverhalt (sog. Systembegriff) des Rechtsstreites zu *qualifizieren*, z. B.: Streitigkeit des Erbrechts, Kaufrechts, Familienrechts, Handelsvertreterrechts etc.
- Die einschlägige Norm des aufgerufenen (hier: des deutschen) IPR gibt – als deren Rechtsfolge – an, welches nationale Sachrecht auf diesen Fall anzuwenden ist *(lex causae)*.
- Ist das **heimische** nationale Recht zur Anwendung berufen, wendet der Richter das deutsche Kollisionsrecht (IPR) an.
  Eine eventuell notwendig werdende Klärung der Tatbestandsmerkmale der Kollisionsnorm (sog. **Erstfrage**) erfolgt nach der für dieses Tatbestandmerkmal einschlägigen Kollisionsnorm der lex fori.
  - Ist das **fremde Recht** (nach dem deutschen IPR) zur Anwendung berufen, ist zunächst zu prüfen, ob das fremde IPR seinerseits ein anderes nationales Recht zur Regelung dieser Fälle bestimmt.
  - Weist das „fremde IPR" wieder auf das IPR des lex fori-Gerichtes zurück, liegt ein sog. *Renvoi* vor.
  Eine Rückverweisung des Rechts an jene Rechtsordnung, die das rückverweisende IPR zur Anwendung gebracht hat (renvoi), unterbricht z. B. Art. 4 Abs. 1 EGBGB. Zu einem anderen Ergebnis gelangen Art. 20 Rom I-VO, Art. 24 Rom II-VO, Art. 11 Rom III-VO.
  - Haben die Parteien ein oder mehrere Rechte **gewählt**, die ihren grenzüberschreitenden Konflikt lösen sollen, gilt dieses (Sach-)Recht.
  Zu prüfen ist hier allerdings, ob eine solche Wahl – nach den Normen des einschlägigen IPR – rechtlich möglich war (siehe etwa: Art. 5 Abs. 2 Rom I-VO, Art. 6 Abs. 2 Rom I-VO, Art. 7 Abs. 3 Rom I-VO, Art. 8 Abs. 1 Rom I-VO, Art. 7 Rom III-VO).
- Nun ist der Rechtsstreit nach der einschlägigen Norm des nationalen **Sachrechts** *(lex causae)* zu entscheiden.

- Bestimmt das IPR einen **Anknüpfungspunkt** (z. B.: ständiger Wohnsitz, Staatsangehörigkeit u. a.) und erfüllt eine Partei diesen, so kann im Einzelfall zu prüfen sein, ob die Partei diesen Anknüpfungspunkt **rechtsmissbräuchlich**, d. h. durch **absichtliche** ggf. **arglistige Ausschaltung** der sonst anzuwendenden Anknüpfungspunkte gewählt hat. In diesem Fall *(fraus legis, fraude à la loi)* ignoriert das IPR die missbräuchlich herbeigeführten Anknüpfungspunkte.
- In Zusammenhang mit dem Tatbestand einer einschlägigen nationalen Sachrechtsnorm *(lex causae)* können **Tatbestandsmerkmale** auftreten, die
  - **unselbständig** – nach demselben nationalen Sachrecht oder – **selbständig** – nach dem fremden IPR (dem IPR des Sachnormrechts) oder wiederum nach dem IPR des lex fori zu entscheiden sind.

  Zu unterscheiden ist hier zwischen Teil- und Vorfrage (zur Erstfrage siehe oben):
  - **Teilfrage** = Sonderzuweisungen/sonst unselbständig nach materiellem Recht der Hauptfrage, also dem bereits aufgerufenen Sachrecht (lex causae),
  - **Vorfrage** = h. M. vom lex causae selbständig, d. h. erneut an Recht des lex fori anknüpfen.
- Abschließend (als **Gerechtigkeits-Korrektiv**) ist zu prüfen, ob im Einzelfall das Ergebnis
  - in einem offensichtlichen Widerspruch zu fundamentalen **Werten** einer „**heimischen Rechtsordnung**" steht *(ordre public)* (Rechtsfolge = Unanwendbarkeit des Fremdrechts mit der Folge dessen Ersetzung etwa durch ergänzende, lückenfüllende Auslegung)
  oder
  - gegen grundlegende geltende Rechtsvorschriften des „heimischen Staates", „**zwingende Einzelvorschriften**" verstößt (Rechtsfolge = Verbleib bei den zwingenden Normen des „heimischen Staates").

VIII. Die Anwendung nationalen Rechtes bei Kollision mehrerer Rechtsordnungen

Bedeutende Rechtsquellen des Internationalen Kollisionsrechts

Die völkerrechtlichen Normen zum Internationale Privatrecht setzten sich nicht nur aus internationalen/europäischen Abkommen (Konventionen/ Übereinkommen, Agreements) zusammen. Es verwendet daneben zahlreiche *„Modellgesetze"*, deren Entwicklung insbesondere international tätige Organisationen (Internationale Handelskammer, UNCiTRAL, UNIDROIT etc.) übernommen haben.

- Satzung der Haager Konferenz für Internationales Privatrecht
- Haager Übereinkommen vom 5. Juli 2006 über die auf bestimmte Rechte an intermediär-verwahrten Wertpapieren anzuwendende Rechtsordnung
- Convention of 14 March 1978 on the Law Applicable to Agency
- Verordnung (EG) Nr. 593/2008 des europäischen Parlaments und des Rates vom 17. Juni 2008 über das auf vertragliche Schuldverhältnisse anzuwendende Recht (Rom I)
- Verordnung (EG) Nr. 864/2007 des europäischen Parlaments und des Rates vom 11. Juli 2007 über das auf außervertragliche Schuldverhältnisse anzuwendende Recht (Rom II)
- UN-Kaufrecht
- Übereinkommen vom 15. Juni 1955 betreffend das auf internationale Kaufverträge über bewegliche körperliche Sachen anzuwendende Recht
- Convention of 22 December 1986 on the Law Applicable to Contracts for the International Sale of Goods

Vertragsrecht
- UN-Kaufrecht
- Übereinkommen vom 15. Juni 1955 betreffend das auf internationale Kaufverträge über bewegliche körperliche Sachen anzuwendende Recht
- Convention du 15 avril 1958 sur la loi applicable au transfert de la propriété en cas de vente à caractère international d'objets mobiliers corporels
- Convention du 15 avril 1958 sur la compétence du for contractuel en cas de vente à caractère international d'objets mobiliers corporels
- Convention du 15 juin 1955 pour régler les conflits entre la loi nationale et la loi du domicile
- Convention of 22 December 1986 on the Law Applicable to Contracts for the International Sale of Goods
- Übereinkommen vom 30. Juni 2005 über Gerichtsstandsvereinbarungen

- Convention of 2 October 1973 on the Law Applicable to Products Liability
- United Nations Convention on the Assignment of Receivables in International Trade (New York, 2001)

Logistik
- United Nations Convention on International Multimodal Transport of Goods, Geneva, 24 May 1980
- Übereinkommen zur Vereinheitlichung bestimmter Vorschriften über die Beförderung im internationalen Luftverkehr: Montrealer Übereinkommen (MÜ)
- Convention relative au contrat de transport international des marchandises par route (CMR) von 1956, Convention on the Contract for the International Carriage of Goods by Road (CMR), Geneva, 19 May 1956
- United Nations Convention on the Liability of Operators of Transport Terminals in International Trade, Vienna, 19 April 1991
- Übereinkommen über den internationalen Eisenbahnverkehr

Verhaltensregeln im Internationalen Handelsverkehr
- OECD-Leitsätze für Multinationale Unternehmen, Guidelines for multinational enterprises
- UNIDROIT Principles of International Commercial Contracts (PICC)

Rechtsvereinheitlichung/Modellgesetze
- UNCITRAL Model Law on International Credit Transfers (1992)
- UNCITRAL Model Law on Procurement of Goods and Construction (1993)
- UNCITRAL Model Law on Procurement of Goods, Construction and Services (1994)
- UNCITRAL Model Law on Electronic Commerce (1996), with additional article 5 bis as adopted in 1998
- UNCITRAL Model Law on International Commercial Arbitration 1985, With amendments as adopted in 2006
- UNCITRAL Model Law on International Commercial Conciliation (2002)
- UNIDROIT Model Franchise Disclosure Law (2002)
- UNIDROIT Model Law on Leasing (2008)
- UNIDROIT-Grundregeln für Internationale Handelsverträge (Principles for international commercial contracts; PICC)

12. Kapitel   Internationales Prozessrecht

Das internationale Prozessrecht ist wie das IPR grundsätzlich nationales Recht und umfasst grundsätzlich die Prinzipien, die die gerichtliche Zuständigkeit bei Auslandsberührung regeln. Also beispielsweise die Frage, wo Sie als Vertragspartner einen portugiesischen Lieferanten, der mangelhafte Ware nach Hamburg geliefert hat, klagen können. Innerhalb der EU ist mit der VO über die gerichtliche Zuständigkeit und die Anerkennung und Vollstreckung von Entscheidungen in Zivil- und Handelssachen (**EuGVVO**) ein einheitliches Regelwerk geschaffen worden, das für weitgehende Rechtssicherheit sorgt. International gesehen, gibt es nichts Vergleichbares. Man muss daher oft auf die Grundprinzipien zurückgreifen und wissen, wo man nachsieht, damit man Fragen des internationalen Prozessrechts beantworten kann. Die folgenden Ausführungen beziehen sich auf Zivil- und Handelssachen allgemein; für das internationale und europäische Familien-, Erb- und Insolvenzrecht bestehen besondere Regelungen, die hier nicht näher betrachtet werden.

390

I. Grundlagen internationaler Gerichtszuständigkeit

Die Gerichtszuständigkeit regelt, welches Gericht über einen Streitfall verbindlich entscheiden kann. In der Praxis sind Fragen des Prozessrechts (also des jeweiligen Verfahrensrechts, das auf einen Rechtsstreit anwendbar ist) für den Ausgang manchmal viel wichtiger als das materielle Recht, da z. B. bei Verfahrenshindernissen oder entsprechender Prozesstaktik eine Durchsetzung des Rechts behindert werden kann.

391

Weil sich das Verfahrensrecht immer nach dem Recht des Gerichtsstandes (= **lex fori**) richtet, ist es von besonderer praktischer Bedeutung, wo dieser Gerichtsstand begründet werden kann. So wäre es für den Hinterbliebenen eines Flugzeugabsturzes (finanziell) vorteilhafter in den USA auf Entschädigung zu klagen als in Deutschland (Grund: höhere Entschädigungszahlungen in solchen Fällen in den USA).

392

12. Kapitel   Internationales Prozessrecht

393   Die Grundsätze des internationalen Prozessrechts sind sehr vage gehalten. Zum einen ist Voraussetzung, dass es eine angemessene Verbindung zwischen dem Beklagten und dem Gerichtsstand (Forum) gibt (das lateinische Prinzip **actor forum rei sequitur** [= der Kläger begibt sich zum Gericht des Beklagten] gilt hier grundsätzlich). Zudem ist eine angemessene Verbindung zwischen dem Klagsgrund und dem Gerichtsstand (z. B. Ort, an dem der Vertrag zu erfüllen war, also bspw. ein Lieferort) notwendig. Drittens kann dies durch die Zustimmung des Beklagten zur Zuständigkeit, z. B. durch Gerichtsstandsvereinbarung in einem Vertrag, auch begründet werden.

394   Kompliziert wird es auch bei Fragen nach der Anerkennung und Vollstreckung von Urteilen im Ausland. Hier gilt das allgemeine (sehr vage) Prinzip der „**Comity**": Die in einem Land geltenden Gesetze und Entscheidungen seiner Gerichte sollen die Gesetze anderer Länder und deren Gerichtsentscheidungen respektieren. Softlaw bieten auch die ALI/UNIDROIT Principles of Transnational Civil Procedure, die keine rechtliche Bindungswirkung aufweisen, aber als soft law dennoch Beachtung finden.

395   In der EU ist das europäische Prozessrecht, wie erwähnt, genau geregelt (EuGVVO); vereinzelt haben Staaten völkerrechtliche Verträge darüber bilateral abgeschlossen (z. B. deutsch-israelisches Anerkennungs- und Vollstreckungsabkommen von 1977; deutsch-britisches Anerkennungs- und Vollstreckungsabkommen 1960).

II. Rechtsrahmen

396   Wie erwähnt, ist zunächst das innerstaatliche Recht relevant. In der EU bietet die **EuGVVO** den Rechtsrahmen für Zuständigkeitsfragen innerhalb der EU (zum genauen Anwendungsbereich der EuGVVO siehe Art. 1 ff.). Die EuGVVO übernimmt die Grundregel „actor sequitur forum rei" und stellt hierbei auf den Wohnsitz bzw. Niederlassung der beklagten Partei ab (Art. 4). Im Art. 7 sind besondere Zuständigkeiten geregelt (wie z. B. Erfüllungsort). Der Verbrauchergerichtsstand in Art. 17 bildet eine Ausnahme der Grundregel, da er Verbrauchern (unter bestimmten Voraussetzungen) das Recht einräumt, vor Gerichten des Sitzes eines Unternehmers zu klagen. Ausschließliche Gerichtsstände, wie z. B. das Gericht des Ortes an dem sich eine betreffende Liegenschaft befindet, sind in Art. 24 geregelt. Vereinbarungen über die Wahl des Gerichtsstands, wie sich oft in Verträgen finden, sind gemäß Art. 25 wirksam.

Das **Lugano-Übereinkommen** hat im Wesentlichen die gleichen Auswirkungen wie die EuGVVO und ist anwendbar zwischen den Mitgliedstaaten der EU und den EFTA-Staaten mit Ausnahme Liechtensteins (also Island, Schweiz und Norwegen). **397**

Multilateral ist das Haager Übereinkommen über Gerichtsstandsvereinbarungen (2005, ♛) (EU ist Mitglied) und das Haager Anerkennungs- und Vollstreckungsübereinkommen (2019 ♛) zu nennen, neben speziellen Abkommen z. B. im Familienrecht oder dem Transportrecht (Übereinkommen über den Internationalen Eisenbahnverkehr [COTIF 1999] ♛; Übereinkommen über den Beförderungsvertrag im internationalen Straßengüterverkehr [CMR] vom 19.5.1956 ♛). Weitere Übereinkommen im Rahmen der Haager Konferenz für Internationales Privatrecht: **398**
- Convention of 1 February 1971 on the Recognition and Enforcement of Foreign Judgments in Civil and Commercial Matters
- Supplementary Protocol of 1 February 1971 to the Hague Convention on the Recognition and Enforcement of Foreign Judgments in Civil and Commercial Matters
- Übereinkommen vom 1. Juni 1970 über die Anerkennung von Ehescheidungen und Ehetrennungen
- Übereinkommen vom 4. Mai 1971 über das auf Straßenverkehrsunfälle anzuwendende Recht
- Übereinkommen vom 18. März 1970 über die Beweisaufnahme im Ausland in Zivil- oder Handelssachen
- Convention of 22 December 1986 on the Law Applicable to Contracts for the International Sale of Goods
- Übereinkommen vom 30. Juni 2005 über Gerichtsstandsvereinbarungen
- Convention of 2 July 2019 on the Recognition and Enforcement of Foreign Judgments in Civil or Commercial Matters.

Ansonsten muss man etwaige bilaterale Abkommen über die Anerkennung von Urteilen zwischen Staaten beachten. Fehlen einschlägige Abkommen, richtet sich die Frage nach der Zuständigkeit nach dem jeweiligen nationalen Recht des angerufenen Gerichts. **399**

III. Zuständigkeitskonflikte

400 In der Praxis besonders bedeutsam ist die Frage, wie Konflikte über die Zuständigkeit gelöst werden. Es könnten sich je nach nationalem Recht zwei Gerichte für denselben Rechtsstreit für zuständig erklären. Um diese Situation zu vermeiden, haben sich zwei Konfliktlösungsansätze entwickelt: Nach dem kontinentaleuropäischen (civil law) Ansatz lautet die Regel „**lis pendens**" („anderweitig anhängiger Fall" oder frei übersetzt: „wer zuerst kommt, malt zuerst"). Werden bei Gerichten verschiedener Mitgliedstaaten Klagen wegen desselben Anspruchs zwischen denselben Parteien anhängig gemacht, so setzt das später angerufene Gericht das Verfahren von Amts wegen aus, bis die Zuständigkeit des zuerst angerufenen Gerichts feststeht. Sobald die Zuständigkeit des zuerst angerufenen Gerichts feststeht, erklärt sich das später angerufene Gericht zugunsten dieses Gerichts für unzuständig. Das EU-Recht folgt diesem civil law Ansatz.

401 Anderes gilt im anglo-amerikanisch geprägten (common law) Rechtsraum. Hier haben Gerichte zu prüfen, ob sie für die eingebrachte Klage ein „**forum non conveniens**" (das nicht angebrachte Gericht) darstellen, also ein anderes Gericht eher zuständig ist (meist wird dies anhand praktischer und rechtlicher Überlegungen entschieden wie bspw.: Nahebezug des Gerichts zu Parteien bzw. Streitgegenstand, effektiver Rechtsschutz im anderen Gerichtsstand, Zugang zu Beweismittel, Verfahrensgarantien etc.).

 → Spiliada Maritime Corp v Cansulex Ltd.

402 Als Durchsetzungsmittel können common law Gerichte üblicherweise sogenannte „**anti-suit injunctions**" gewähren, die die andere Prozesspartei direkt verpflichten, die Prozessführung in einem anderen Gericht einzustellen.

> **Übungsfall** *Trasporti Castelletti gegen Hugo Trumpy*:
> In diesem Fall ging es vereinfacht gesagt um einen Streit über Fracht. Die Partei, die aufgrund der Tatsachen wohl hätte haften müssen, wollte das Verfahren behindern und reichte präventiv eine Feststellungsklage in Italien ein, weil Gerichte dort sehr langsam arbeiten und möglicherweise erst in zehn Jahren urteilen würden. Weil damals uneingeschränkt das Prinzip „lis pendens" innerhalb der EU galt (EuGVVO alt), war dies möglich, denn gem. lis pendens hätte jedes nach dem italienischen Gericht angerufene Gericht das Verfahren zu unterbrechen, zumindest bis das Erstgericht seine Unzuständigkeit entscheidet.

III. Zuständigkeitskonflikte

Diese Prozesstaktik wurde daher als „Italienischer Torpedo" bezeichnet. Als Reaktion darauf hat die neue Fassung der EuGVVO folgenden neuen Inhalt, um zumindest dann solche Torpedos zu verhindern, wenn eine Gerichtsstandsklausel anwendbar ist, aber ein anderes, als das vereinbarte Gericht angerufen wird (Art. 31 Abs. 2: *„Wird ein Gericht eines Mitgliedstaats angerufen, das gemäß einer Vereinbarung nach Artikel 25 ausschließlich zuständig ist, so setzt das Gericht des anderen Mitgliedstaats unbeschadet des Artikels 26 das Verfahren so lange aus, bis das auf der Grundlage der Vereinbarung angerufene Gericht erklärt hat, dass es gemäß der Vereinbarung nicht zuständig ist."*).

👨‍⚖️ → EuGH Transporti Castelletti v Hugo Trumpy

Wichtige Kriterien zur Wahl eines Forums für die Streitbeilegung:
- Zweckmäßigkeit des gewählten Forums (Ort)
- Vertrautheit mit dem gewählten Forum (Sprache, Verfahrensregeln)
- Wahrgenommene Voreingenommenheit oder fehlende Voreingenommenheit des gewählten Forums („Heimvorteil")
- Einfluss der Gerichtsstandswahl auf materiellrechtliche Bestimmungen (z. B. Unterschiede in der Auslegung des UN-Kaufrechts)
- Verfügbare Rechtsbehelfe vor Gericht (umfangreiche vorprozessuale Ermittlungen vor US-Gerichten, Strafschadenersatz usw.)
- Verfügbarkeit von vorteilhaften Verfahrensregeln (z. B. einstweilige Verfügungen u. a. Rechtsbehelfe z. B. vorübergehende Einfrieren von Vermögenswerten)
- Verfügbarkeit von grenzüberschreitender Verfahrenshilfe (z. B. Beweisaufnahme, Vollstreckung und Anerkennung von Urteilen/Verfügungen in einem Staat, in dem Vermögenswerte vorhanden sind)

403 Weil es außerhalb der EU keine allgemein verbindlichen Regelungen bzgl. Gerichtsstand und Anerkennung und Vollstreckung von ausländischen Urteilen gibt, ist der grenzüberschreitende Wirtschaftsverkehr mit Rechtsunsicherheit behaftet. Auch sind Parteien aus verschiedenen Ländern oft zurückhaltend, sich ausländischen Gerichten zu unterwerfen. Daraus ergab sich eine Tendenz zu **alternativen Streitbeilegungsmechanismen** (insb. der Handelsschiedsgerichtsbarkeit).

> **Transaktionsrisiko und Prozessrisiko:**
> Einige Risiken im Wirtschaftsverkehr sind finanzieller Natur (Kreditwürdigkeit, Zahlungsfähigkeit), andere sind juristisch (Wirksamkeit einer Transaktion, Art der Rechtsbehelfe bei Nichterfüllung, Durchsetzung von Rechtsbehelfen).
> Die rechtlichen Risiken bei grenzüberschreitenden Transaktionen sind unterschiedlich:
> - welches Recht diese Angelegenheiten regelt,
> - Risiko eines ungünstigen Forums,
> - Risiko von Parallelverfahren,
> - teure Rechtsdurchsetzung (Durchsetzung in verschiedenen Staaten usw.).

IV. Die Internationale Handelsschiedsgerichtsbarkeit

404 Aufgrund der oben dargestellten Unsicherheiten betreffend Zuständigkeitskonflikten und Anerkennung und Vollstreckung ausländischer Urteile wird bei grenzüberschreitenden Transaktionen zunehmend auf die internationale Handelsschiedsgerichtsbarkeit (engl. International Commercial Arbitration) gesetzt. Im Gegensatz zum klassischen Gerichtsverfahren ist die Grundlage für Schiedsverfahren eine Parteienvereinbarung, also die (oft vertraglich verankerte) beidseitige Zustimmung der Vertragsparteien ihre Streitigkeiten endgültig von einem Schiedsgericht rechtlich verbindlich entscheiden zu lassen, als Alternative zum Gang zu staatlichen Gerichten. Zu beachten ist aber, dass nicht alle Streitigkeiten vor ein Schiedsgericht gebracht werden können. Dies bestimmt sich nach den jeweiligen Normen zur Schiedsfähigkeit (üblicherweise sind aber alle vermögensrechtlichen Streitigkeiten, die vergleichsfähig sind, unter Privaten bzw. unter Unternehmen schiedsfähig).

405 Ähnlich dem Verfahren vor staatlichen Gerichten entscheidet auch im Schiedsverfahren eine neutrale dritte Partei (üblicherweise ein oder drei Schiedsrichter) rechtsverbindlich über eine Rechtsstreitigkeit. Im Gegensatz dazu sind SchiedsrichterInnen aber von den Parteien (zumindest indirekt) und einzig für die Beilegung einer konkreten Streitigkeit bestellt. Auch die Verfahrensregeln können die Vertragsparteien im jeweiligen gesetzlichen Rahmen selbst auswählen. Durch internationale Abkommen, wie das ⚖ → New York Überein-

IV. Die Internationale Handelsschiedsgerichtsbarkeit

kommen (NYÜ), sind die Entscheidungen des Schiedsgerichts (genannt Schiedsspruch, im Gegensatz zu Urteilen von staatlichen oder internationalen Gerichten) rechtlich verbindlich und international vollstreckbar.

> **Elemente der Schiedsgerichtsbarkeit:**
> - Entscheidung einer Streitigkeit (im weitesten Sinn)
> - durch private Schiedsrichter
> - die von den Parteien direkt oder indirekt bestellt werden
> - auf Grundlage eines Verfahrens
> - das auf der (privatautonomen) Vereinbarung der Parteien beruht
> - und mit einer bindenden und vollstreckbaren Entscheidung des Schiedsgerichts – dem Schiedsspruch – endet (kein Berufungsverfahren!)

406 Die Vorteile der internationalen Schiedsgerichtsbarkeit sind vielfältig. Einerseits bietet die Auswahl von SchiedsrichterInnen die Möglichkeit Personen mit spezieller Fach- und Sachkenntnis zu ernennen. Damit wird eine Entscheidung des Schiedsgerichts oft sachgerechter und damit berechenbarer. Da sich die Verfahren auf Parteienvereinbarung beruhen, kann dieses flexibler und informeller gestaltet werden und sind auch vertraulich. Oftmals wird auch die kürzere Dauer und die geringeren Kosten als Vorteile genannt. Dies ist aber nicht immer der Fall. Dass ein dann ergangener Schiedsspruch international vollstreckt werden kann, ist wohl der wichtigste Grund, der für die Schiedsgerichtsbarkeit spricht, wenn man dies mit der Situation von Gerichtsurteilen, die im Ausland vollstreckt werden sollen, vergleicht.

407 **1. Anwendbares Recht.** Die Frage nach dem anwendbaren Recht in Bezug auf ein Schiedsverfahren ist komplex. Dies deshalb, weil die Schiedsgerichtsbarkeit den (internationalen) Parteien große Gestaltungsmöglichkeit einräumt. So ist zu unterscheiden zwischen dem auf die Schiedsvereinbarung (die Schiedsklausel) anwendbaren Recht, dem auf das Schiedsverfahren anwendbarem Recht (lex arbitri), dem Verweis auf Schiedsregeln (üblicherweise spezielle von den Schiedsinstitutionen herausgegebenen und regelmäßig überarbeiteten Regeln wie z. B. ICC Rules; DIS Regeln; UNCITRAL Regeln) und dem in der Sache (in merito) anwendbaren Recht (z. B. UN-Kaufrecht oder englisches Recht).

408 Das auf die Schiedsklausel anwendbare Recht ist von dem Recht, das auf den Vertrag der diese Schiedsklausel beinhaltet anwendbare grundsätzlich zu unterscheiden, kann aber in der Praxis natürlich zusammenfallen. Dies unterliegt der Parteienvereinbarung. Wichtig hierbei ist, dass die Gültigkeit der Schiedsklausel unabhängig von der Gültigkeit des (Haupt-)Vertrages zu beurteilen ist (sog. „doctrine of separability"). Dies ist deshalb von praktischer Bedeutung, weil sonst jeder Einwand der Ungültigkeit des Vertrages, was gerade Gegenstand der Streitigkeit sein kann, dazu führen würde, dass auch die Schiedsklausel keine Wirkung entfalten könnte. Im Ergebnis heißt das, dass eine etwaige Unwirksamkeit des Hauptvertrags nicht automatisch zur Unwirksamkeit der Schiedsvereinbarung führt.

409 Die lex arbitri kann nur indirekt von den Parteien bestimmt werden, da sich diese zwingend aus dem festgelegten Sitz des Schiedsgerichts ergibt. Diese lex arbitri regelt vereinfacht ausgedrückt den äußeren Rahmen, in dem sich ein Schiedsgericht und die Parteienvereinbarung bewegen kann und sieht daher zwingendes Recht vor. Andere Regeln sind nur rudimentäre andere Verfahrensregeln, die aber von den Parteien autonom anders ausbedungen werden können (sog. dispositives Recht). Viele nationale Gesetze zum Schiedsverfahren (lex arbitri) basieren auf dem UNCITRAL Model Law (derzeit in 85 Staaten umgesetzt) und sind somit im Ergebnis sehr ähnlich.

📖 → UNCITRAL Model Law

410 Die Schiedsregeln beinhalten dann die genaueren Regeln zum Ablauf des Verfahrens, z. B. dahingehend wie und von wem die einzelnen (und wie viele) SchiedsrichterInnen bestellt werden, wie und weshalb diese abgelehnt werden können, etc. Auch diese können von den Parteien frei gewählt werden.

📖 → Wiener Regeln

411 Das in der Sache (in merito) anwendbare Recht ist sodann das Recht, das heranzuziehen ist, um in der Streitsache zu entscheiden. Dies unterliegt auch der Parteienautonomie.

412 **2. Institutionelle vs ad hoc Schiedsgerichtsbarkeit.** Zu unterscheiden ist auch zwischen der institutionellen und der ad hoc Schiedsgerichtsbarkeit: In der institutionellen Schiedsgerichtsbarkeit wählen die Parteien die Schiedsregeln einer der vielen Schieds(gerichts)institutionen weltweit (teilweise auch spezialisierte Regeln, wie die der WIPO betreffend Immaterialgüterrechte). Die Schiedsregeln, die von Institutionen herausgegeben werden, normieren das Verfahren in den Grundzügen. Eine Schiedsinstitution entscheidet aber nicht selbst als „Schiedsgericht", sondern hat verfahrensadministrierende Aufgaben in einem bestimmten Ausmaß (z. B. Verlangen von Kostenvorschüssen, Ernennung von Schiedsrichtern bei Säumnis einer Partei, Entscheid über Ablehnungsbegehren gegen Schiedsrichter).

IV. Die Internationale Handelsschiedsgerichtsbarkeit

Bei der ad hoc Schiedsgerichtsbarkeit wird keine dieser Institutionen involviert und die Parteien wählen lediglich Schiedsregeln (üblicherweise die UNCITRAL Regeln) und müssen sämtliche administrativen Aufgaben selbst übernehmen. In der Praxis wird meist auf institutionelle Schiedsverfahren gesetzt. **413**

3. Schiedsklausel. Die Schiedsvereinbarung muss entweder in einem von den Parteien unterzeichneten Schriftstück oder in zwischen ihnen gewechselten Schreiben, Telefaxen, E-Mails oder anderen Formen der Nachrichtenübermittlung enthalten sein, die einen Nachweis der Vereinbarung sicherstellen. (§ 583 öZPO). Nimmt ein diesen Formerfordernissen entsprechender Vertrag auf ein Schriftstück Bezug, das eine Schiedsvereinbarung enthält, so begründet dies eine Schiedsvereinbarung, wenn die Bezugnahme dergestalt ist, dass sie diese Schiedsvereinbarung zu einem Bestandteil des Vertrages macht. Ein Verweis auf AGB, die eine Schiedsklausel enthält, ist sodann nach zivilrechtlichen Regeln gültig. Ein Formmangel der Schiedsvereinbarung wird im Schiedsverfahren durch Einlassung in die Sache geheilt, wenn er nicht spätestens zugleich mit der Einlassung gerügt wird. Solche Regelungen, wie sie beispielsweise die österreichische Zivilprozessordnung vorsieht, entsprechen im Wesentlichen dem UNCITRAL Model Law. **414**

4. Aufhebung von Schiedssprüchen. Entscheidungen des Schiedsgerichts sind grundsätzlich endgültig und rechtlich verbindlich. Das heißt es gibt grundsätzlich keine inhaltliche Überprüfung der Entscheidung. Eine Ausnahme betrifft einen Verstoß gegen den materiell-rechtlichen ordre public; eine Aufhebung ist daher in der Praxis eher selten. Die lex arbitri enthält sodann die jeweiligen Aufhebungsgründe, die von den meisten Gerichten eher restriktiv interpretiert werden und nur bei schwerwiegenden Verstößen zu einer Aufhebung führen (z. B. wenn es gar keine gültige Schiedsvereinbarung gab; bei einer Verletzung des rechtlichen Gehörs einer Partei, etc.). **415**

Zu beachten ist, dass über die Aufhebung die Gerichte des Staates entscheiden, in dem das Schiedsgericht seinen Sitz hat. In Deutschland sind das die jeweiligen OLG, in Österreich als einzige Instanz der OGH. **416**

5. Internationale Vollstreckbarkeit. Die internationale Vollstreckbarkeit von ausländischen Schiedssprüchen regelt das Übereinkommen über die Anerkennung und Vollstreckung ausländischer Schiedssprüche (New Yorker Übereinkommen 1958 ♛ → NYÜ 1958) sowie das Europäische Übereinkommen über die internationale Handelsschiedsgerichtsbarkeit (Europäisches Übereinkommen 1961 ♛ → EÜ 1961). Das NYÜ hat über 150 Vertragsstaaten und bestimmt die Voraussetzungen, nach denen Schiedssprüche vollstreckt werden. **417**

(Art III). In der Praxis am bedeutsamsten sind die Versagungsgründe des Art. V NYÜ, nach denen die Vollstreckung versagt werden kann:
- mangelnde rechtliche Befähigung zum Abschluss der Schiedsklausel oder ungültige Schiedsklausel (1)a),
- mangelnde Kenntnis von Bestellung des Schiedsrichters oder vom Verfahren; Verletzung des rechtlichen Gehörs (1)b),
- Streit nicht von Schiedsabrede erfasst (1)c),
- Bildung des Schiedsgerichtes oder das Verfahren entsprechen nicht der Parteienvereinbarung oder der lex arbitri (1)d),
- Schiedsspruch nicht verbindlich oder aufgehoben oder gehemmt (1)e),
- Streitgegenstand nicht schiedsfähig (2)a),
- ordre public Widrigkeit (2)b).

Bedeutende Rechtsquellen des Internationalen Prozessrechts

- Convention du 15 juin 1955 pour régler les conflits entre la loi nationale et la loi du domicile
- Übereinkommen vom 15. November 1965 über die Zustellung gerichtlicher und außergerichtlicher Schriftstücke im Ausland in Zivil- oder Handelssachen
- Convention of 25 November 1965 on the Choice of Court
- Übereinkommen vom 18. März 1970 über die Beweisaufnahme im Ausland in Zivil- oder Handelssachen
- Convention of 1 February 1971 on the Recognition and Enforcement of Foreign Judgments in Civil and Commercial Matters
- Übereinkommen vom 30. Juni 2005 über Gerichtsstandsvereinbarungen
- Übereinkommen – 88/592/EWG – über die gerichtliche Zuständigkeit und die Vollstreckung gerichtlicher Entscheidungen in Zivil- und Handelssachen – Geschlossen in Lugano am 16. September 1988
- New Yorker Übereinkommen über die Anerkennung und Vollstreckung ausländischer Schiedssprüche vom 10. Juni 1958
- Europäisches Schiedsgerichts-Übereinkommen über die internationale Handelsschiedsgerichtsbarkeit

Stichwortverzeichnis

Die Ziffernangaben beziehen sich auf die Randnummern des Buches.

A
Aarhus-Konvention 256
abgeleitetes Völkerrechtssubjekt 59
Abschlussverfahren 28
absolutes Gewaltverbot 63
acta iure gestionis 92
acta iure imperii 92
actor forum rei sequitur 393
Ahlström 200
Alcoa-Entscheidung 196
allgemeine Rechtsgrundsätze 48
Allgemeines Zoll- und Handelsabkommen (GATT) 104
alternative Streitbeilegungsmechanismen 106
Anerkennung von Staaten 51
Anknüpfung
– Selbständigkeit 329
– unselbständige 358
Anknüpfungserschleichung 316, 319
anti-suit injunctions 402
Arbeitgeber 83
Arbeitnehmer 83
Arbeitnehmerfreizügigkeit 82
Arbeitsaufnahme 83
Armutsminderung 178
Aufenthaltsrecht 83
Ausgleichsanspruch 385
Auslegungsregeln 33
Austrittsmöglichkeit 40
Auswirkungsprinzip 195, 197

B
Bank- und Kapitalmarkttrecht 167
bankaufsichtsrechtliche Zwangsmaßnahmen 171
Baring-Krise 169
BCCI-Krise 169
Bedingungen 188
Beendigungsgründe 40
Behandlung
– gerecht und billig 234
Beitritt 29
Berner Übereinkunft 160
Berufungsgremium 153
Beweiswürdigung 319
Bindungswirkung 363
Binnenmarkt 114
Brexit 40
Budgetbeitrag 180
Bußgeld 201

C
CBDR Siehe common but differentiated responsibilities
chapeau 139
clausula rebus sic stantibus 41
Comity 394
common but differentiated responsibilities 252
Costa/ENEL 75
Covid-Lockdown-Krise 169

D
deutsches Wettbewerbsrecht 202
Dienstleistungen 292
Dienstleistungsfreiheit 82, 385
Dillenkofer 86
Dismembratio 54
Dispute Settlement Body 143
Dori 86
DOT-Com 169
Drei-Elementen-Lehre 51
Dualismus 13

Stichwortverzeichnis

E
effects doctrine 197
Eigentumswirkung 292
Eingriff
– geringster 382
Einheitsrecht 173
Einleitungsklausel 139
Einreise 83
einseitige Rechtsgeschäfte 17
Einzelfallgerechtigkeit 366
El Corte 86
elektronische Finanzierungsmittel 181
EMRK 99
enabling clause 115
Energiechartavertrag 238
Entscheidungen internationaler Gerichte 18
Entscheidungen internationaler Organisationen 17
Entscheidungseinklang 352, 356, 369
Entwicklungsländer 168
Erdgipfel 245
Erfolgsort 320, 323
Ermächtigungsklausel 115
Ersatzanspruch 385
Ersatzrecht 381
Erstfrage 325, 331, 335, 389
EuGH 200
EuGVVO 390, 396
Europäische Bank für Wiederaufbau und Entwicklung 191
Europäische Gemeinschaften 73
Europäische Investitionsbank 191, 191
Europäische Menschenrechtskonvention 6
Europäische Union 200
Europäisierung 287
EWG-V 78

F
Fakultativklausel 69
Fazilität 188
Finanzierung 170, 176
Finanzkrise 168
Folterverbot 6
Fonds 185

forum non conveniens 401
forum shopping 294
Francovich 86
fraude à la loi 316, 389
fraus legis 316, 389
Friedensorganisationen 62
friedliche Streitbeilegung 8
Fusionskontrollrecht 193

G
GASP 73
geb 251
Gegenmaßnahme 279
geistiges Eigentum 156
Geldwäsche 181
Gencor 200
Generalversammlung 64
Generationengerechtigkeit 257
Georg Jellinek 51
Gerechtigkeits-Korrektiv 389
Gericht
– Sitzort 377
Geschäfts- und Verhandlungspraxis 377
Gesellschaftsrechtskonflikt 296
Gewaltverbot 3, 8
gleichartige Waren 110
Gleichberechtigung und Selbstbestimmung der Völker 8
Gleichrangigkeit der Völkerrechtsquellen 20
Gründungstheorie 295
Gründungsurkunde 25
Gültigkeitsregelung 292

H
Haager Unterhaltsprotokoll 317
Handelsvertreter 385
Handlungsort 320
Handschuhehe 379
Hauptfrage 342, 347, 350
– Qualifikation 331
Heiliger Stuhl 87, 88
Heimatrecht 375
heimische Rechtsordnung 379
Heinrich Triepel 13
Herstatt-Krise 169

134

I

ICSID 213
IKRK 87
IMF 61
Immaterialgüterrecht 156
Indiz 377
Inländerbehandlung 116, 160
Inländergleichbehandlung 216
inländischer Markt 194
Inlands-Geldwert 184
International Commercial Arbitration 404
Internationale Bank für Wiederaufbau und Entwicklung 177
Internationale Entwicklungsorganisation 177
Internationale Finanz-Corporation 177
internationale Organisationen 58
internationale Sicherheit 66
Internationaler Gerichtshof 67
Internationales Privatrecht 2, 386
Internationales Zentrum für die Beilegung von Investitionsstreitigkeiten 177
Interpretation von Verträgen 33
Interventionsverbot 8
Investition 209
Investitionsschutzabkommen 205
Investor 212
IP 156
IPR 285, 293
– eines anderen Staates 298
– national 298
islamistischer Terror 169
ius cogens 20
IWF-Abkommen 182

K

Kapital- und Zahlungsverkehrsfreiheit 82
Kapitalanlage 203
Kartellrecht 193
Klimawandel 244, 268
Kollisionsnorm 299
kollisionsrechtliche Wertung 356
Kompetenz 189
Konflikt
– grenzüberschreitend 289

Konflikte 198
Konsensprinzip 11
Konsistenz 372
Koordinationsrecht 10
Kredit 188
Kreditgeber 187
Kryptowährung 181

L

Lateranverträge 88
Legalvollmacht 26
Leonesio 81
lex arbitri 407
lex causae 298, 334, 338, 389
lex fori 294, 332, 389, 392
– Gericht 295
lex posterior 20
lex specialis 20
lis pendens 400
Lissabonner Vertrag 73
Lugano-Übereinkommen 397

M

Malteser Orden 87
Markt-Missbrauchsrecht 193
Marsmann 83
Mediatisierung des Individuums 95
Mehrehe 379
Meistbegünstigung 160
Meistbegünstigungsklausel 106, 217
Meistbegünstigungsverpflichtung 128
mengenmäßige Beschränkungen 130
Meta-Recht 286
Mitgliedstaaten 85
Monismus 13
Monroe-Doktrin 9
Mosaikbetrachtung 323
Multilaterale Investitions-Garantie-Agentur 177

N

Namensrecht 361
NATO 61
New York Übereinkommen 405
Niederlassungsfreiheit 82, 297
notleidende Staaten 185

Nunziaturen 88

O
Öffentlichkeitsbeteiligung 255
Ökozid 269
ordre public 380, 381, 389
Organe der UNO 63

P
pacta sunt servanda 17, 32
Pakt I 97
Pakt II 98
Panel 152
Paraphierung 28
Pariser Verbandsübereinkunft zum Schutz des gewerblichen Eigentums 160
persistent objector 47
Persönlichkeitsrechte 324
Petitio Principii 371
Pfändung 202
Polluter Pays Principle 252
(post-)koloniale Natur des Völkerrechts 7
PPP Siehe Polluter Pays Principle
präferenzielle Handelsabkommen 113
Prinzip der Nichtdiskriminierung 104
Prinzip der souveränen Gleichheit 48
Privatbank 176
Privatwirtschaft 179
Proportionalitätsprinzip 281
Prozessverhalten 377

Q
Qualifikation 299
Qualifikationsproblem 308
quantitative restrictions 130

R
Ratifikation 28
Ratti 86
Realwirtschaft 187
Recht auf Sezession 55
Recht der EU 5
Rechtfertigungsgründe 272
Rechtserkenntnisquelle 14
Rechtserzeugungsquelle 14

Rechtsharmonisierung 338
Rechtsnorm 381
Rechtsordnung 310, 387
Rechtsordnungszuweisungsrecht 287
Rechtsverhältnis 344
Rechtswahl 374
regionale Integration 4
regionale Organisationen 61
Renvoi 389
renvoi 298
Repressalienexzess 281
Resolution 66
Retorsion 277
Rio-Deklaration 252
Rio-Erklärung 246
Rücküberweisung 298

S
Sachnorm 310
Sachrecht 298, 389
Sanktion 202
– Vollstreckung 202
Satzung der Vereinten Nationen 63
Scheidung 302
Schiedsgericht 236, 377
– Sitz 377
Schiedsspruch 237
Schutzverantwortung 283
separazione giudicale 302
Sezession 54
Sharia-Vorbehalt 30
Sicherheitsrat 66
Sitztheorie 295
soft law 19
Sonderziehungsrechte 185
Sonderzuweisungstatbestand 315
Sorgfaltspflicht 263
souveräne Gleichheit der Staaten 8
souveräne Gleichheit 91
Souveränität 76, 168
– staatliche 378
Souveränität der Staaten 11
Sozialversicherungsrecht 361
Staat
– Entstehung 54
– Staatennachfolge 54

Stichwortverzeichnis

- Untergang 54
Staatenbeschwerde 99
Staatenimmunität 90
Staatennachfolge 57
Staatenpraxis 42
Staatlichkeitselemente 51
- Staatsgebiet 51
- Staatsgewalt 51
- Staatsvolk 51
Staatsangehörigkeit 361
Staatsvertrag 362
Staatsverträge 292
Standortvorteil 190
Status 344
Statusrecht des Kindes 361
Statutes of Frauds 307
Stockholmer Erklärung 243
Streitbeilegungsgremium 143
Subordinationsrecht 10
supranationale Organisation 5
supranationales Recht 389
Suspendierung 41

T
Tatbestandsmerkmal 330
Teerfarben 200
Teilfrage 325, 389
Tennessee-Wechsel-Fall 309
Terrorismusfinanzierung 181
Trail Smelter-Fall 3
travaux préparatoires 33
Treu und Glauben 8, 32
TRIPS 157
TRIPS-Flexibilität 163
TRIPS-Waiver 164
TTIP 288

U
Überweisung 315
Umweltschutz 246
Unabhängigkeitserklärung 52
UNCITRAL Model Law 409
Ungültigkeitsgründe 40
universelles Völkerrecht 6
UNO 61
UNO-Charta 8

Unterhaltsrecht 361
Unternehmen 80
Unverjährbarkeit 380
US-amerikanisches Wettbewerbsrecht 196
US-Immobilienkrise 169

V
Van Gend en Loos 80
Verbleiberecht 83
Verbot der Ungleichbehandlung 83
Verbrauchsgüterkauf 292
Vereinbarung 376
Verhaltenskodex 19
Verschulden 273
Vertragsverfahren 27
Verwaltungssitz 296
Völkerbund 62
Völkergewohnheitsrecht 19, 23, 42
Völkerrecht 1, 289
völkerrechtlicher Vertrag 24, 337
Völkerrechtskommission 270
Völkerrechtssubjekte 1
Völkerrechtsverletzung 271
Vollmacht 26
Vorbehalt 30
Vorfrage 325, 345, 363, 389
- i. e. S. 343
- materiellrechtliche 343
Vorfragen
- bereits entschiedene 362
Vorrang des Europarechts 5

W
Währungsmanipulation 189
Warenverkehrsfreiheit 82
Werklieferungsvertrag 292
Werkvertrag 292
Wertungswiderspruch 379
WHO 61
Widerspruch 46
Wiederaufbau 178
Wiener Vertragsrechtskonvention 1969 23
WIPO 156
Wirtschafts-Souveränität 188

Stichwortverzeichnis

Wirtschaftsvölkerrecht 289
Wohnsitzstaat 195
World Bank 177
WTO 61
WTO-Streitbeilegungsgremium 146

Z
Zahlungsbilanz 184

Zahlungsschwierigkeit 183
ZBIJ 73
Zellstoff 200
Zollformalitäten 134
Zollunionen und Freihandelszonen 112
Zwangslizenz 159, 162
zwingendes Recht 20